KB117493

うきうき
우 키 우 키
일본어 독해
고급

우키우키 일본어 독해 고급

지은이 기타지마 치즈코 · 구미라
펴낸이 임상진
펴낸곳 (주)넥서스

초판 1쇄 발행 2006년 4월 10일
초판 4쇄 발행 2010년 2월 15일

2판 1쇄 발행 2011년 7월 30일
2판 2쇄 발행 2011년 8월 5일

3판 1쇄 발행 2016년 12월 5일
3판 6쇄 발행 2021년 12월 15일

출판신고 1992년 4월 3일 제311-2002-2호
주소 10880 경기도 파주시 지목로 5
전화 (02)330-5500 팩스 (02)330-5555

ISBN 978-89-98454-54-8 13730

가격은 뒤표지에 있습니다.
잘못 만들어진 책은 구입처에서 바꾸어 드립니다.

※이 책은 〈넥서스 초스피드 일본어 독해 고급〉(2011)의
개정판입니다.

www.nexusbook.com

NEW
うきうき
우 키 우 키
일본어독해
고급
기타지마 치즈코 · 구미라 지음

넥서스

머리말

この読解問題集は単に読解能力がつくというだけでなく、読んでおもしろく、ためになる文章を載せました。問題を解いていくうちに日本人の考え方や感じ方が分かり、日本で起きている話題や情報を知ることができるように構成しています。またそれぞれの問題でできるだけ身近な出来事を取り上げて、日本の文化と生活に触れたテーマなどを取り入れています。

使用語彙や文法事項は上級ですので難しいものも含まれています。また日本語能力試験Ｎ１に合わせた問題、特に問題をたくさんこなすために中文の問題を多く入れてあり、Ｎ1の試験練習問題としても十分使用することができると思います。クラス授業用としても個人でも使用可能です。また問題は文の接続や内容を問うもの、文全体の流れを問うなど様々な形式を使っておりますので、飽きずに使用できると思います。

問題を解きながら文法の知識を身に着け、日本語の総合力がアップできるように作りました。この問題集を使って日本や日本人、日本語や日本の暮らしを発見したりして、楽しんでいただけたらとてもうれしいです。

이 독해 문제집은 단순히 독해력만 향상되는 것이 아니라, 읽으면 재미있고 유익한 문장들을 실었습니다. 문제를 풀어가면서 일본인의 생각과 감정을 이해하고 일본에서 일어나는 화제나 정보를 알 수 있도록 구성하였습니다. 그리고 각 문제에서 되도록 일상적인 이야기를 다루어, 일본 문화와 생활 등을 테마로 하고 있습니다.

사용 어휘나 문법 사항은 상급이므로 조금 어려운 문제도 포함되었습니다. 또 일본어능력시험 N1에 맞춘 문제, 특히 문제를 많이 풀기 위해 중문 문제를 많이 넣었기 때문에 N1 대비용으로 전혀 손색이 없으리라 생각합니다. 학원 수업에서 사용하거나 개인이 혼자 공부할 때도 사용할 수 있습니다. 또한 문장의 접속이나 내용, 문장 전체의 흐름을 묻는 등 다양한 형식을 취하고 있어 싫증나지 않게 공부할 수 있습니다.

문제를 풀면서 문법 지식을 익혀 종합적인 일본어 능력이 향상되도록 만들었습니다. 이 문제집을 통해 일본과 일본인, 일본어나 일본 생활을 발견하며 즐겁게 공부하시길 바랍니다.

北嶋千鶴子

하나,

'독해야 아무렴 어때? 말만 잘 하면 되지.'하고 생각하는 사람들이 많다. 그러나 이건 잘못된 생각이다. 말이란 머릿속에 차곡차곡 입력된 다양한 정보들을 문장으로 구성하여 소리라는 매개체를 통해 그 뜻을 전달하는 것이다. 따라서 입력된 정보 없이는 발화할 문장도 없다. 또한 문장은 단어의 조합이어서 그 조합이 흐트러지면 문장도 없다. 이렇듯 다양한 정보를 입력하고 단어의 조합을 매끄럽게 하는 일등 공신은 바로 독해다. 그러므로 독해는 단순히 문장을 파헤치기만 하는 따분하고 쓸데없는 작업이 아니다. 입문에서 초급, 초급에서 다시 중급, 그리고 고급으로 실력을 향상시키기 위한 꼭 필요한 과정인 셈이다.

둘,

10대에게는 10대의, 20대에게는 20대의 수준에 맞는 말과 문화, 지적 정보가 있다. 아무리 외국어라 할지라도 자신의 환경과 목적, 조건 등의 균형을 맞춰 학습단계를 높여 가야만 스스로를 좋은 이미지로 정확하게 표현할 수 있다. 그런 의미에서 독해는 꼭 섭취해야 할 필수 영양소다.

셋,

어떤 종류이든 공부는 무조건 재미있어야 한다. 일단 흥미를 느끼면 다음 단계로의 진입에 어떤 어려움이 있어도 부수고 나갈 힘이 생긴다. 그래서 처음이 중요하고, 중요한 만큼 재미가 있어야 한다. 쉽고 재미있다. 어렵지만 재미있다. 이런 말이 저절로 나올 수 있게 해야 한다.

나름대로 이런 의무감을 가지고 덤빈 책이다. 이 책은 흥미를 느낄 수 있는 테마들로 이루어져 있다. 고급 단계의 학습자들이 어렵게 느끼지 않으면서도 필요한 것을 얻을 수 있는 독해의 요령을 정리하고, 해설은 별책을 마련해 각 테마별 지문마다 고급 단계에서 필요한 문형과 관용구 등을 정리해 두었다. 재미있게 읽으면서 각 테마 속에 숨은 정보를 찾고, 또 각종 일본어 시험에도 대비할 수 있도록 했다. 이 책을 공부한 학습자들이 독해에 재미와 필요를 동시에 느끼고 일본어 문장을 읽어가는 재미에 푹 빠져들기를 기대해 본다.

구미라

PART 1 - 단문

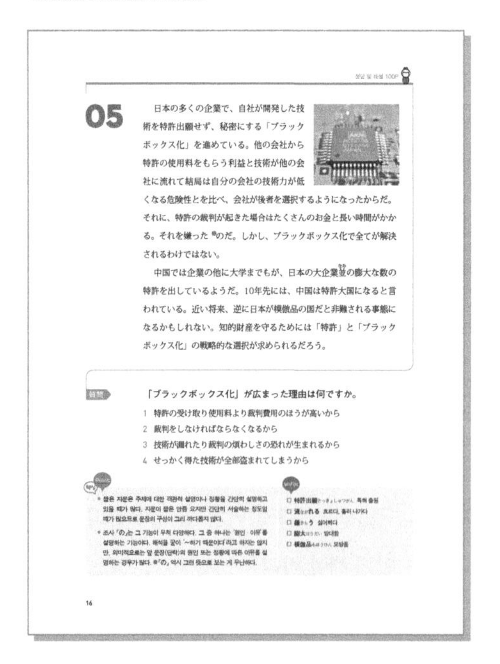

정답 및 해설 100P

05

日本の多くの企業で、自社が開発した技術を特許出願せず、秘密にする「ブラックボックス化」を進めている。他の会社から特許の使用料をもらう利益と技術が他の会社に流れて結局は自分の会社の技術力が低くなる危険性とを比べ、会社が後者を選択するようになったからだ。それに、特許の裁判が起きた場合はたくさんのお金と長い時間がかかる。それを嫌った❶のだ。しかし、ブラックボックス化で全てが解決されるわけではない。

中国では企業の他に大学までもが、日本の大企業並の膨大な数の特許を出しているようだ。10年先には、中国は特許大国になると言われている。近い将来、逆に日本が模倣品の国だと非難される事態になるかもしれない。知的財産を守るためには「特許」と「ブラックボックス化」の戦略的な選択が求められるだろう。

「ブラックボックス化」が広まった理由は何ですか。

1 特許の受け取り使用料より裁判費用のほうが高いから
2 裁判をしなければならなくなるから
3 技術が漏れたり裁判の煩わしさの恐れが生まれるから
4 せっかく得た技術が全部盗まれてしまうから

* 짧은 지문은 주제에 대한 객관적 설명이나 정황을 간단히 설명하고 있을 때가 많다. 지문이 짧은 만큼 요지만 간단히 서술하는 정도일 때가 많으므로 문장의 구성이 그리 까다롭지 않다.
* 조사 「の」는 그 기능이 무척 다양하다. 그 중 하나는 '원인·이유'를 설명하는 기능이다. 해석을 굳이 '~하기 때문이다'라고 하지는 않지만, 의미적으로는 앞 문장(단락)의 원인 또는 정황에 따른 이유를 설명하는 경우가 많다. ❶「の」 역시 그런 뜻으로 보는 게 무난하다.

□ 特許出願 とっきょしゅつがん 특허 출원
□ 流れる ながれる 흐르다, 흘러 나가다
□ 嫌う きらう 싫어하다
□ 膨大 ぼうだい 방대함
□ 模倣品 もほうひん 모방품

16

비교적 간단하고 가벼운 테마의 짧은 지문이다. 긴 문장을 읽기 위한 워밍업 단계라고 할 수 있다. 몸이 채 풀리기도 전에 처음부터 무리하게 뛰면 위험하다. 본 운동을 위한 준비운동이라 생각하고 가볍게 머리를 움직여 보자.

PART 2 - 중문

02

❶国土交通省が、インターネットで交通渋滞を起こしている道路工事現場はどこかという投票を実施したところ、一位に選ばれた工事現場が作業方法を変更し、渋滞が格段に緩和されたそうです。

渋滞の原因の一つは工事をする時間帯でした。その道路の状況を考えずに作業会社の都合だけで機械的に曜日や時間帯を決めていたのです。調査の結果その現場では特に金曜の夜の交通量が多いことが分かりました。そこで金曜日の夜を避けて工事したら、それまでの渋滞が目に見えて改善されたそうです。もう一つの原因は、車を遮断する区間の位置にありました。工事用区間を減らすとともに、車線変更しなければならない車線を二つから一つに減らすことで車がスムーズに流れるようになったそうです。

(　①　)は、作業日程や工事費の問題も生じるので現場段階で決めかねるかもしれませんが、(　②　)は現場の怠慢です。工事に渋滞はつきものなのだからと、何の配慮も工夫もしなかったと言えます。どの会社も渋滞No.1になりたくないので、これまで述べたような解決策を取り入れたり様々な工夫を重ねた結果、今では道路工事による渋滞はかなり減っているようです。

26

독해는 문장 길이만큼의 집중력이 요구된다. Part 1에서 워밍업으로 유연해진 머리에 집중력을 불어넣는 단계다. 서서히 집중력을 늘리는 연습을 한다. 문장이 길어지면 문맥이 복잡해지고 집중력이 흐트러져 주제를 찾는데 힘이 빠진다. 문맥의 흐름을 놓치지 않도록 연습하는 단계다.

이 책은 중급 수준의 문법과 문형을 익힌 학습자들이 고급 단계로 도약하기 위해 거쳐 가는 단계이다. JPT 800점 이상의 고득점이나 일본어능력시험 N1을 준비하는 학습자들이 문법 · 독해에 대비하기 위한 수험서로서의 기능도 고려했다.

각 과의 구성은 지문의 길이에 따라 크게 단문(短文), 중문(中文), 장문(長文)의 세 파트로 나누고, 각 파트는 10~15개 정도의 다양한 테마로 묶어 놓았다. 재미있게 읽으면서 문장의 길이에 따른 집중력을 키워 누구나 금세 문장을 읽는 요령을 터득하는 독해 수험서가 될 수 있도록 했다.

PART 3 - 장문

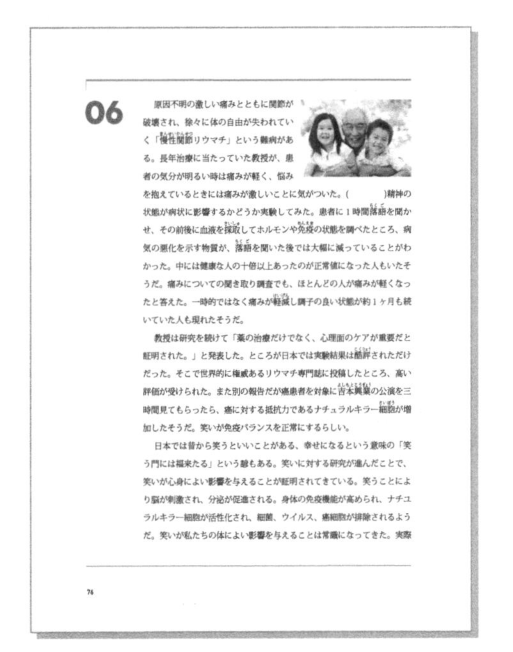

06

原因不明の激しい痛みとともに関節が破壊され、徐々に体の自由が失われていく「慢性関節リウマチ」という難病がある。長年治療に当たっていた教授が、患者の気分が明るい時は痛みが軽く、悩みを抱えているときには痛みが激しいことに気がついた。(　　　　)精神の状態が病状に影響するかどうか実験してみた。患者に1時間落語を聞かせ、その前後に血液を採取してホルモンや免疫の状態を調べたところ、病気の悪化を示す物質が、落語を聞いた後では大幅に減っていることがわかった。中には健康な人の十倍以上あったのが正常値になった人もいたそうだ。痛みについての聞き取り調査でも、ほとんどの人が痛みが軽くなったと答えた。一時的ではなく痛みが軽減し調子の良い状態が約1ヶ月も続いていた人も現れたそうだ。

教授は研究を続けて「薬の治療だけでなく、心理面のケアが重要だと証明された。」と発表した。ところが日本では実験結果は酷評されただけだった。そこで世界的に権威あるリウマチ専門誌に投稿したところ、高い評価が受けられた。また別の報告だが癌患者を対象に吉本興業の公演を三時間見てもらったら、癌に対する抵抗力であるナチュラルキラー細胞が増加したそうだ。笑いが免疫バランスを正常にするらしい。

日本では昔から笑うといいことがある、幸せになるという意味の「笑う門には福来たる」という諺もある。笑いに対する研究が進んだことで、笑いが心身によい影響を与えることが証明されてきている。笑うことにより脳が刺激され、分泌が促進される。身体の免疫機能が高められ、ナチュラルキラー細胞が活性化され、細菌、ウイルス、癌細胞が排除されるようだ。笑いが私たちの体によい影響を与えることは常識になってきた。実際

76

긴 문장에 익숙해지도록 연습하는 최종 단계이다. 글이 길면 길수록 문맥을 놓치기 쉽다. 글의 주제와 핵심어를 파악하고 추려내는 연습을 하는 단계다. 긴 뉴스 보도문을 듣고 몇 자로 요약하려면 고도의 집중력이 필요하듯, 긴 글을 빨리 읽고 그 주제를 파악하는 것은 많은 집중력과 훈련이 필요하다.

핵심 Point

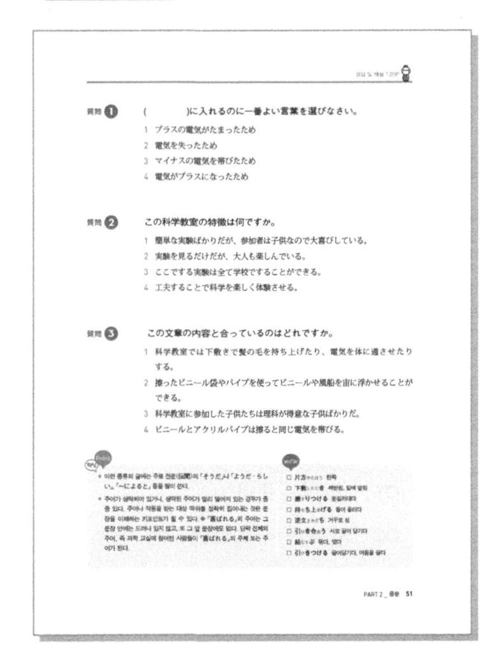

質問 1　(　　　　)に入れるのに一番よい言葉を選びなさい。

1 プラスの電気がたまったため
2 電気を失ったため
3 マイナスの電気を帯びたため
4 電気がプラスになったため

質問 2　この科学教室の特徴は何ですか。

1 簡単な実験ばかりだが、参加者は子供なので大喜びしている。
2 実験を見るだけだが、大人も楽しんでいる。
3 ここでする実験は全て学校ですることができる。
4 工夫することで科学を楽しく体験させる。

質問 3　この文章の内容と合っているのはどれですか。

1 科学教室では下敷きで髪の毛を持ち上げたり、電気を体に通させたりする。
2 擦ったビニール袋やパイプを使ってビニールや風船を宙に浮かせることができる。
3 科学教室に参加した子供たちは理科が得意な子供ばかりだ。
4 ビニールとアクリルパイプは擦ると同じ電気を帯びる。

PART 2 _ 중문　51

처음에는 각 지문을 여러 번 소리 내어 가볍게 읽으며, 대강의 줄거리를 파악한다. 읽으면서 눈에 띄는 단어나 관용구를 먼저 체크하고 마지막에 전체 글을 한 문장씩 꼼꼼하게 살펴 읽는다. 각 지문에는 〈핵심 point〉를 달아 쉽고 빠르게 문장을 파악할 수 있는 독해의 요령을 간추려 놓았다. 핵심 포인트를 중심으로 지문을 정독한다.

목차

PART 1 - 단문(短文)

01 회전초밥 12
02 누워서만 지내는 노인 제로 작전 13
03 스마트 TV 시대 14
04 일본의 정치 15
05 기술의 블랙박스화 16
06 부조금 봉투 쓰는 법 17
07 연하장 쓰는 법 18
08 외국인 등록 19
09 이웃과의 왕래 20
10 소년 상담 통계 21

PART 2 - 중문(中文)

01 말하는 종이 24
02 도로 공사로 인한 교통 체증 26
03 맛있는 비상식량, 통조림 빵 28
04 불공평한 세금 제도 30
05 연금 제도의 문제점 32
06 건강보조식품도 적당히 34
07 일본 요리의 특징 36
08 오층탑의 지혜 38
09 스모의 위기 40
10 정전기에서 해방되는 방법 42

11 세계는 지금 K-pop 열풍 44
12 일본인의 결혼식 절차 46
13 시대에 따른 장례 문화의 변화 48
14 재미있는 과학 교실 50
15 아파트 분양 광고 52

PART 3 - 장문(長文)

01 로봇의 진화 56
02 단카이 버블 60
03 니트족이 된 젊은이들 64
04 현대인의 건강한 식생활 68
05 도야코 G8 정상 회담 72
06 웃음은 만병통치약 76
07 발명의 대가 80
08 일본어 붐과 애니메이션 84
09 아기 우체통 88
10 초고령화 사회 92

PART

1

短文

단문

01 회전초밥 | 02 누워서만 지내는 노인 제로 작전 | 03 스마트 TV 시대 | 04 일본의 정치 | 05 기술의 블랙박스화 | 06 부조금 봉투 쓰는 법 | 07 연하장 쓰는 법 | 08 외국인 등록 | 09 이웃과의 왕래 | 10 소년 상담 통계

01

昔は寿司(すし) [1]と言えば高級品でなかなか庶民の口には入らなかった。[2]回転寿司の登場は寿司を一挙に庶民の食べ物にしてしまった。この装置は大阪の小料理屋の主人が考えた。彼は寿司を安く誰もが十分食べられるようにしたいと考えていた。ある日、ビール工場でベルトコンベヤーに乗ったビールが次々に移動していく様子を見て、そこに寿司を乗せてお客さんに渡したらどうかと考えた。そうすれば従業員を減らせるので、寿司の値段も下げられる。そしていろいろ工夫した結果、1958年に初めての回転寿司店が出来上がった。その後この方式の店はあっという間に日本中に広まり、今では安い値段で寿司が気軽に食べられるようになった。今は日本だけでなく、外国でも回転寿司屋が見かけられる。寿司ばかりではなく、その国の料理やカツ、コロッケ、天ぷら、ラーメンなど何でもある。日本人が見たら驚いてしまうだろう。でもそれもいいのではないかと思う。もう回転寿司は日本だけの物ではないのだから。

質問　回転寿司の説明と合っているのはどれですか。

1　回転寿司店がないときは庶民は寿司が全然食べられなかった。
2　回転寿司の装置は寿司屋の主人が考えた。
3　回転寿司の装置は安い値段で寿司を売る目的で作られた。
4　海外の回転寿司店で食べられるのは寿司を始め日本料理だけだ。

- [1]「~といえば~た(~라고 하면 ~였다)」 다음에는 '지금은 그렇지 않다'는 내용의 문장이 올 확률이 높다.
- [2]「回転寿司の~」 앞에는 「ところが(그런데)」와 같은 '전환'의 뜻을 나타내는 접속사가 생략되어 있다. 문장 사이에 생략된 접속사를 찾는 것은 의미를 파악하는 데 중요한 역할을 한다.

- □ **なかなか** 좀처럼, 꽤
- □ **一挙**いっきょ**に** 한꺼번에, 일제히, 단번에
- □ **装置**そうち 장치
- □ **渡**わた**す** 건네다
- □ **減**へ**らす** 줄이다
- □ **下**さ**げる** 내리다, 낮추다
- □ **気軽**きがる 부담 없음

02

日本は男女とも長寿世界一である。長生きであることはいいことだが、ただ長く生きていればいいというわけではない。健康で生活が楽しいのであれば言うことはないのだが、寝たきりで病院、老人施設あるいは自宅で生かされているだけの人生を送っている高齢者が数多くいる。自分で歩けないと外出も自由にできないので自然に活動範囲が狭まる。また体を動かさないと脳も活発に働かず、認知症になる可能性も高くなる。

老人は長期間入院すると病気が治っても足腰が弱って寝たきりになる傾向がある。そのため病気やケガで入院しても、なるべく早くリハビリを開始して体を動かす必要がある。しかし現在はリハビリ施設が少なく、また同じ病気で入院しても、医者によって方針が違うのでリハビリを受けている人と受けてない人がいる。そこで政府も寝たきりの予防や自立のためのリハビリテーション実施体制の強化やホームヘルパーや在宅サービスの充実などの「寝たきり老人ゼロ作戦」を打ち出している。この政策に期待したいものだ。

質問 この文章の内容と合っているのはどれですか。

1 寝たきりになると認知症になってただ生きているだけの生活になる。
2 寝たきりを防ごうという方針の医師もそうでない医師もいる。
3 リハビリ次第で寝たきりは防げる可能性が高い。
4 リハビリすれば必ず寝たきりになるのを防ぐことができる。

- 장수 국가의 이면을 나타내는일본의 병든 노인 문제에 대한 글이다. 전체 내용을 파악하는 문제이므로 세세하게 읽을 수 있도록 주의한다.

- □ **長生**ながい**き** 장수, 오래 삶
- □ **寝**ね**たきり** 누워서만 지냄, 또는 그런 사람
- □ **生**い**かす** 살리다
- □ **狭**せば**まる** 좁아지다, 좁혀들다
- □ **リハビリ** 재활 치료

03

2011年１月、ラスベガスで開催された世界最大の家電ショーでスマートテレビが大きく取り上げられ、そのシェアを(　　　　　)。日本では、ソニー、パナソニック、東芝(とうしば)の３社がスマートテレビに力を入れているようだ。

スマートテレビは放送局やインターネット提供者から配信された放送を見るだけでなく、ユーザ側から働きかけ必要な映像や情報を利用したり表示したりできる。また、番組を見ながらビデオチャットをしたり、スマートフォンなどを利用してテレビを操作したりできるし、スマートフォンやタブレット端末で見ていた映像をテレビ画面上に表示させることもできる。それ以外にも映画の配信など様々な機能を持っており、急速な普及が期待されている。現在、スマートテレビ市場は韓国が世界シェアのほぼ半分を占めている。この時代に取り残されないためにも日本でもスマートテレビの開発に力を注ぐことが急務となっている。

質問　(　　　　　)に入れるのに一番よい言葉を選びなさい。

1 上げている
2 伸ばしている
3 上がってきた
4 伸びてきている

- 최근 한국 기업들의 전자 제품이 세계 점유율을 높여 가고 있다. 그것에 대해 일본의 관점에서 서술한 글이다.

- □ **シェア** 점유율
- □ **ユーザ** 유저, 사용자
- □ **チャット** 채트, 대화
- □ **タブレット** 태블릿
- □ **端末**たんまつ 단말
- □ **急務**きゅうむ 급한 일
- □ **取**と**り残**のこ**す** 남겨 두다

04

日本の政府は、立法は国会が、行政は内閣が行う「議院内閣制(ぎいんないかくせい)」である。総理大臣は国会議員の中から選ばれ、政府は議会の信任によって存在するとする制度だ。法案や予算案は両院で可決されてはじめて成立する。「議院内閣制」の特徴に「解散」と「内閣不信任決議(ないかくふしんにんけつぎ)」がある。「解散」は総理大臣の意向によって衆議院議員(しゅうぎいんぎいん)全員が地位を失う制度で、「内閣不信任決議」は衆議院の可決で内閣を変えられることだ。こういった「議院内閣制」の問題点にはまず、内閣の平均寿命が挙げられる。戦後の歴代内閣の平均寿命はなんと２年を割っている。

そしてもうひとつの問題点は、有権者の選択によって首相や内閣が成立しないということである。日本人の政治に関する ❶無関心もこれらが原因のひとつと言える。誰もが選んだつもりでもない首相が次々に変わっている。そんな政府に限界を感じるのは私だけではないはずだ。

質問 国会の解散はどんな時しますか。

1 国民が総理大臣を適当ではないと考えた時
2 衆議院が内閣不信任決議を可決した時
3 国民が政府に不信任決議を可決した時
4 総理大臣が解散を決めた時

- 일본의 내각의원제와 그 문제점에 대해 쓴 글이다.
- ❶ 무관심의 원인은 앞에 쓰인 문장으로, 내각이 금세 바뀌는 것과 국민이 선택한 내각이 아니라는 두 가지 이유이다.

- ☐ **行政**ぎょうせい 행정
- ☐ **任命**にんめい 임명
- ☐ **可決**かけつ 가결
- ☐ **解散**かいさん 해산
- ☐ **不信任**ふしんにん 불신임
- ☐ **辞職**じしょく 사퇴
- ☐ **有権者**ゆうけんしゃ 유권자

05

日本の多くの企業で、自社が開発した技術を特許出願せず、秘密にする「ブラックボックス化」を進めている。他の会社から特許の使用料をもらう利益と技術が他の会社に流れて結局は自分の会社の技術力が低くなる危険性とを比べ、会社が後者を選択するようになったからだ。それに、特許の裁判が起きた場合はたくさんのお金と長い時間がかかる。それを嫌った❶のだ。しかし、ブラックボックス化で全てが解決されるわけではない。

中国では企業の他に大学までもが、日本の大企業並(なみ)の膨大な数の特許を出しているようだ。10年先には、中国は特許大国になると言われている。近い将来、逆に日本が模倣品の国だと非難される事態になるかもしれない。知的財産を守るためには「特許」と「ブラックボックス化」の戦略的な選択が求められるだろう。

質問　「ブラックボックス化」が広まった理由は何ですか。

1 特許の受け取り使用料より裁判費用のほうが高いから
2 裁判をしなければならなくなるから
3 技術が漏れたり裁判の煩わしさの恐れが生まれるから
4 せっかく得た技術が全部盗まれてしまうから

- 짧은 지문은 주제에 대한 객관적 설명이나 정황을 간단히 설명하고 있을 때가 많다. 지문이 짧은 만큼 요지만 간단히 서술하는 정도일 때가 많으므로 문장의 구성이 그리 까다롭지 않다.
- 조사「の」는 그 기능이 무척 다양하다. 그 중 하나는 '원인 · 이유'를 설명하는 기능이다. 해석을 굳이 '~하기 때문이다'라고 하지는 않지만, 의미적으로는 앞 문장(단락)의 원인 또는 정황에 따른 이유를 설명하는 경우가 많다. ❶「の」 역시 그런 뜻으로 보는 게 무난하다.

- □ **特許出願**とっきょしゅつがん 특허 출원
- □ **流**ながれる 흐르다, 흘러 나가다
- □ **嫌**きらう 싫어하다
- □ **膨大**ぼうだい 방대함
- □ **模倣品**もほうひん 모방품

06

不祝儀(ぶしゅうぎ)用の「のし袋」の表書きは、宗教によって違います。最近では表書きが印刷されているものが多いです。

*表書きの種類

仏式の葬儀には「御香奠(おこうでん)」あるいは「御香典(おこうでん)」と書きます。神式は「御玉串料(おんたまぐしりょう)」、キリスト教式は「御花料(おはなりょう)」です。「御霊前(ごれいぜん)」はどの宗教でも使えるので便利です。

*名前を書く位置

水引きの線から少し下がった中央に氏名を書き、裏面の左端に金額と氏名・住所を書きます。もし中袋があれば、中袋の表側の中央に金額、裏側の左端に住所・氏名を書きます。連名(れんめい)の場合、表に氏名を書くのは３名までで、右側に目上の人の名前を入れます。多人数の場合は「○○一同」などと書き、全員の住所・氏名を別紙に書いて中包(なかづつ)みに入れます。

質問 不祝儀用の「のし袋」の使い方で合っているのはどれですか。

1 教会での葬儀のとき「御玉串料(おんたまぐしりょう)」と印刷された袋にお金を入れる。
2 ４人一緒に一つののし袋にお金を入れることはできない。
3 お寺での葬儀のとき表に名前と「御花料(おはなりょう)」の文字を書く。
4 中袋があるときと無いときで書き方を変える。

- 평소 자주 쓰는 단어는 아니고, 특별한 경우에 예의나 격식을 위해 쓰는 관용어들이 많이 나오므로 단어의 뜻에 집착해 외우기보다는 그 자체로 기억하면 된다.

- □ **のし袋**ぶくろ 경조사 때 축의금 따위를 넣는 봉투
- □ **表書**おもてがき 겉 표지에 쓰는 것, 또는 쓴 문구
- □ **葬儀**そうぎ 장례
- □ **神式**しんしき 신도(神道)식
- □ **水引**みずびき 가는 종이 노끈 몇 가닥을 풀을 먹여 굳힌 후 중앙에서 색을 갈라 염색한 끈
- □ **目上**めうえ**の人**ひと 손윗사람
- □ **別紙**べっし 별지

07

最近は電話やメールで用件を済ませることが多くなったとは言え、本来は手紙や葉書きを送るのが正式なマナーです。また、電子メールをやり取りする場合でも、手紙の書き方を知っておけば参考になることがあるはずです。季節の挨拶を手書きで出すととてもいい印象を持ってもらえます。年賀状の書き方ぐらいは知っておいた方がいいでしょう。では、その書き方について説明します。

年賀状はまず最初に新年のあいさつをします。よく使う言葉には、「謹賀新年(きんがしんねん)」、「迎春(げいしゅん)」、「新年、あけましておめでとうございます」などがあります。その次には「旧年中は大変お世話になり、ありがとうございました。」のように、昨年お世話になったことへのお礼の言葉を書きます。そして最後に新しい年のお付き合いをお願いする言葉として、「今年もどうぞよろしくお願いします。」と書きます。日付は「元旦」と書いたり、○○年１月１日と書いたり、平成○○年元旦と書いたりします。書き方はインターネットなどにも載っているのでぜひ参考にしてください。

質問 手紙の書き方はなぜ大切だと言っていますか。

1 年配の人が喜ぶから
2 知らないと無視されるから
3 メールを書く時の参考になるから
4 インターネットに詳しく載っているから

- 일본은 형식을 중시하는 경향이 있다. 그 때문에 계절 엽서나 편지, 업무 관계 메일 등의 형식을 잘 맞추는지로 상대를 평가하는 경우도 있기 때문에 기본적인 편지, 엽서 쓰는 법은 기억해 두는 것이 좋다.

- □ **済(す)ませる** 끝내다
- □ **やり取(と)りする** 주고받다
- □ **手書(てが)き** 손으로 쓴 것
- □ **付(つ)き合(あ)い** 교제

08

外国人登録は、あなたの居住関係や身分関係を明らかにするものです。日本に90日以上滞在する外国人は、下記のとおり登録が必要です。

※ 届け出の種類

★ 新規登録

届け出期間	・日本上陸の日から90日以内
	・出生などの事由が生じた日から60日以内
届け出に必要なもの	・パスポート
	・写真２枚(16歳未満は不要)
	・出生受理証明書など
届け出人	・16歳以上は本人
	・16歳未満は16歳以上の同一世帯の親族

★ 住居地などの変更登録

届け出期間	・変更が生じた日から14日以内
届け出に必要なもの	・外国人登録証明書
届け出人	・本人(16歳以上)または16歳以上の同一世帯の親族

— 法務省 —

質問　手続きできないのはどの場合ですか。

1　子供が生まれたので父親が60日目に登録する。
2　３月１日に日本に来て３ヶ月後に就職が決まったので登録する。
3　引っ越ししたので16歳の子供が本人と母親の分を登録する。
4　15歳の子供の新規登録時に写真を持っていかない。

- 일본에 오랫동안 거주하는 경우 외국인 등록이 필요한데, 등록시의 여러 가지 조건에 대해 적은 글이다.
- 외국인 등록이 필요한 때는 언제인지, 등록시의 조건 등에 유의하며 읽는다.

- □ **届**とど**け出**で 신고
- □ **上陸**じょうりく 상륙
- □ **事由**じゆう 사유
- □ **生**しょう**じる** 발생하다, 생기다

09

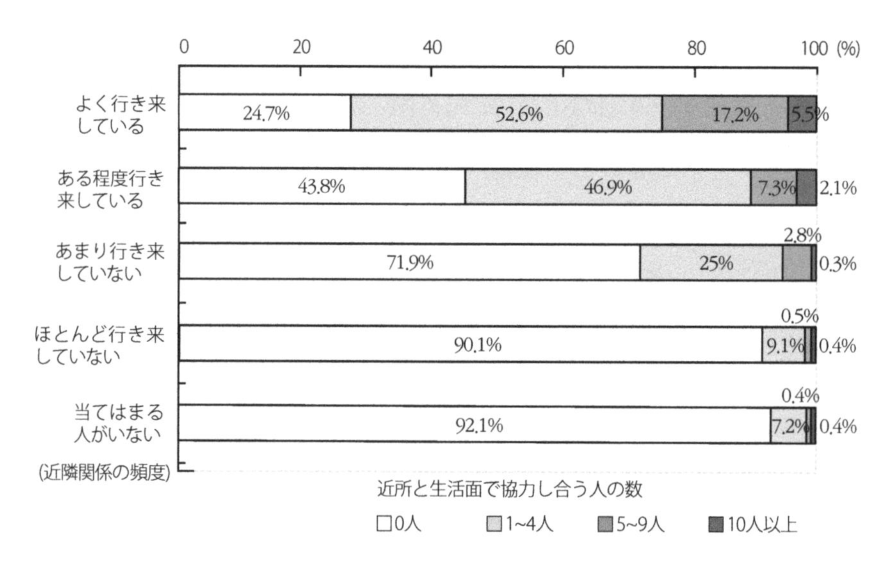

隣近関係の頻度と深さの関係

内閣府「国民生活選好度調査」より

質問 グラフから分かることは何ですか。

1 近所とよく行き来している人は80%以上が生活面で協力し合う人を１人以上知っている。

2 近所とある程度行き来している人は50%が近所に日用品を借りたりする。

3 近所とあまり行き来していない人は生活面で協力し合う人が全然いない。

4 近所とほとんど行き来していない人は生活面で協力し合う人が１人もいないという人が90%を超えている。

- 이 표는 세로 축에 조사 항목, 가로 축에는 각각의 설문에 대한 응답 비율을 나타내고, 막대 그래프의 색상은 설문 조사의 선택지를 표시하고 있다. 표 안에 다양한 정보가 들어 있으므로 주의해서 읽는 것이 문제를 푸는 포인트이다.

□ **近所**きんじょ 이웃
□ **行**ゆ**き来**き**する** 오고 가다, 왕래하다
□ **日用品**にちようひん 일용품

10

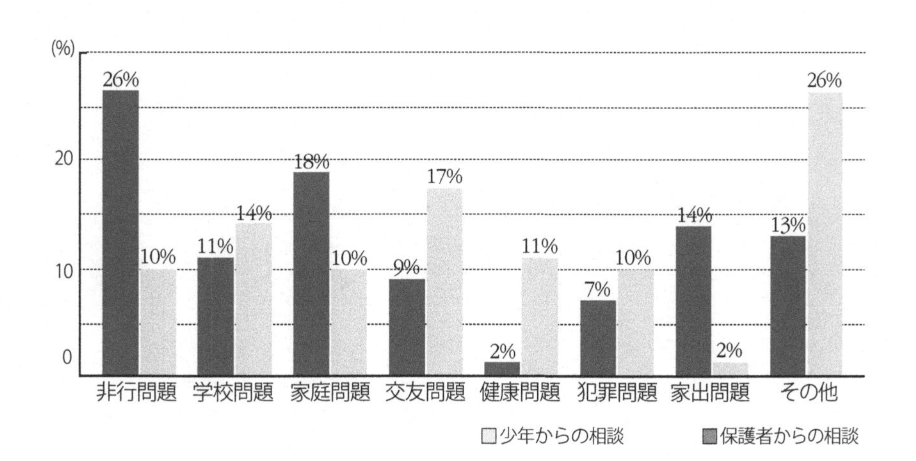

― 警視庁調査 ―

質問 グラフから分かることは何ですか。

1 家出問題は少年自身と保護者で最も相談件数に差がある相談事項である。

2 家庭問題は少年自身も保護者も二番目に相談が多い事項である。

3 最も多い相談は少年からはその他を除けば交友関係だが、保護者からは非行問題である。

4 非行問題は少年自身の相談の約５倍も保護者からの相談がある。

Point 핵심

- 두 가지 그래프를 함께 표시한 표이다. 청소년의 상담 건수와 보호자의 상담 건수가 어떤 차이를 보이는지 비교하면서 읽도록 하자.

Words

- □ **非行**ひこう 비행
- □ **犯罪**はんざい 범죄
- □ **家出**いえで 가출

PART

2

中文
중문

01 말하는 종이 | **02** 도로공사로 인한 교통 체증 | **03** 맛있는 비상식량, 통조림 빵 | **04** 불공평한 세금 제도 | **05** 연금 제도의 문제점 | **06** 건강 보조식품도 적당히 | **07** 일본 요리의 특징 | **08** 오층탑의 지혜 | **09** 스모의 위기 | **10** 정전기에서 해방되는 방법 | **11** 세계는 지금 K-pop 열풍 | **12** 일본인의 결혼식 절차 | **13** 시대에 따른 장례 문화의 변화 | **14** 재미있는 과학 교실 | **15** 아파트 분양 광고

01

紙がしゃべる。かなり以前にも録音できるカードが売り出されたが、厚さが５ミリメートルもあって、とても紙と言えるような物ではなかった。また折り曲げたりするとカードに内蔵された回路が壊れてしまった。

「オーディオペーパー」という製品は本当にしゃべる紙というイメージだ。厚さはわずか0.75ミリしかなく、薄型の電池やマイク、スピーカーが入っている。材料が柔軟性があるので折ったり曲げたりしても壊れないし、そのままプリンターで印刷できる。(　　　　　)の「オーディオペーパー」は録音時間は20秒ほどで、約50回しか再生できなかったが、新しいシリーズは約300〜400回の録音・再生ができる。

「オーディオペーパー」はキャラクター商品としてポストカードにしたり、招待状や年賀状、芸能・スポーツ業界でのサイン、学校・幼稚園での卒業記念の寄せ書きなどに使われたりしている。また、伝言ボードタイプは家族向けの伝言ボードとしての使い方もあり、❶それはアイデア次第といったところだ。値段は１枚980円のものから1260円するものもあるが、その人気から会社側は年間10万枚の販売、売上１億円を目指している。

質問 ❶ (　　　　　)に入れるのに一番よい言葉を選びなさい。

1 例
2 以前
3 前者
4 今後

質問 ❷ 新しいオーディオペーパーの特徴は何ですか。

1 録音時間は20秒と決まっている。
2 厚さが５ミリもある。
3 薄いので壊れやすい。
4 300回以上録音できる。

質問 ❸ オーディオペーパーの説明として合っているのはどれですか。

1 再生が50回だったものが100回まで再生できるようになった。
2 伝言ボードタイプは家でしか使えない。
3 人気が出たら値段が高いものばかり開発されている。
4 ポストカードや年賀状にも使われる。

- 오디오 페이퍼의 다양한 사용법에 대해 이야기하고 있다.
- ❶「それはアイデア次第といったところだ。」에서「それ」는 앞에 나온 문장을 가리킨다.

- □ **しゃべる** 수다를 떨다, 잡담을 하다
- □ **折**おり**曲**ま**げる** 꺾어 구부리다
- □ **内蔵**ないぞう 내장, 내포
- □ **薄型**うすがた 슬림형
- □ **柔軟性**じゅうなんせい 유연성

02

[1]国土交通省が、インターネットで交通渋滞を起こしている道路工事現場はどこかという投票を実施したところ、一位に選ばれた工事現場が作業方法を変更し、渋滞が格段に緩和されたそうです。

渋滞の原因の一つは工事をする時間帯でした。その道路の状況を考えずに作業会社の都合だけで機械的に曜日や時間帯を決めていたのです。調査の結果その現場では特に金曜の夜の交通量が多いことが分かりました。そこで金曜日の夜を避けて工事したら、それまでの渋滞が目に見えて改善されたそうです。もう一つの原因は、車を遮断する区間の位置にありました。工事用区間を減らすとともに、車線変更しなければならない車線を二つから一つに減らすことで車がスムーズに流れるようになったそうです。

(　①　)は、作業日程や工事費の問題も生じるので現場段階で決めかねるかもしれませんが、(　②　)は現場の怠慢です。工事に渋滞はつきものなのだからと、何の配慮も工夫もしなかったと言えます。どの会社も渋滞No.1になりたくないので、これまで述べたような解決策を取り入れたり様々な工夫を重ねた結果、今では道路工事による渋滞はかなり減っているようです。

質問 ❶　①②に入れるのに一番よい言葉を選びなさい。

1	① 前者の場合	② 後者の場合
2	① 後の例	② 前の例
3	① 前例	② それ
4	① 後者	② 前者

質問 ❷　投票の結果どうなりましたか。

1 工事に因る渋滞は消えた。
2 全ての渋滞が緩和された。
3 現場で次々渋滞緩和のための方策を決められるようになった。
4 渋滞に配慮する工事現場が出てきた。

質問 ❸　この文章の内容と合っているのはどれですか。

1 配慮や工夫をすれば道路工事が渋滞を引き起こすことはない。
2 投票を実施した結果工事が原因の渋滞はかなり緩和された。
3 1位に選ばれた会社は工夫して渋滞を減らさなければならない。
4 1位に選ばれないと会社は配慮や工夫に手をつけない。

Point 핵심

- 문장을 정확하게 이해하기 위해서는 어디에서 끊어 읽어야 하는지 잘 살펴야 한다. ❶「国土交通省が～一位に選ばれた」까지가「工事現場」를 부연 설명하는 문장이다. 이 문장을 정확하게 풀어보면「インターネットで～実施したが、そこで 一位に選ばれた (인터넷에서～ 실시했는데 거기서 1위로 선정된)」이다.

□ **格段**かくだん**に** 현격히
□ **避**さ**ける** 피하다
□ **遮断**しゃだん 차단
□ **怠慢**たいまん 태만, 게으름
□ **取**と**り入**い**れる** 도입하다, 받아들이다
□ **重**かさ**ねる** 겹치다, 더해지다

03

東日本大地震の後、常備食の売り上げが上がっている。地震のための常備食として乾パンは有名である。昔に比べその味もずっとよくなった。だからといってお世辞にもおいしいとはいえないし、その硬さと乾燥した食感はどちらかというと食事と言うより、間食のイメージが強い。ところが、同じ常備食として缶詰のパンと言うものがある。

これは乾パンとはまったく違う。パンの種類によって保存期間が１年のものと２年のものがある。様々な種類のパンがあるが、どの缶詰も開けるとふわふわの焼きたてパンが現れる。試食したところ、食感はスーパーなどで売っているパンと同じだった。というよりかなりおいしい。感激した。我が家も非常食を乾パンからこちらに切り替えようと思う。

なぜ缶詰のパンの生産を思い立ったのか。調べてみると、1995年に6400人余りの死者を出した阪神淡路大震災の際、あるパン屋さんがトラック１台分のパンを寄付したことが始まりだった。そのパン屋さんは被災者に硬い乾パンなどではなくふわふわのパンを食べさせたいと考えて非常食用の缶詰のパンの開発に取りかかったそうだ。缶詰のパンの成功後は新潟地震やスマトラ沖地震などの際も被災地に寄付したそうだ。非常用とともに難民救済用としても便利であるから、世界中で受け入れられる日は近いだろう。

質問 **1** **乾パンについて何と言っていますか。**

1 缶詰のパンに負けて売れなくなる。
2 硬くて乾燥しているので食事にはあわない。
3 非常時用なので普段は食べてはいけない。
4 まずいので非常時以外は食べたくない。

質問 **2** **缶詰のパンの特徴は何ですか。**

1 ２種類の味のパンがあって保存期間は２年である。
2 スーパーのパンと違っておいしくない。
3 焼きたてのまま長期間保存できる。
4 難民救済には向いていなかった。

質問 **3** **「パン屋さん」は何をしましたか。**

1 地震の時はいつも缶詰のパンを寄付してきた。
2 被災者(ひさいしゃ)においしいふわふわのパンを食べさせたいと考えた。
3 パンを缶詰にしたらトラックにもっと積めると考えた。
4 地震が起きる度にパンを寄付してきた。

핵심 Point

- 통조림 빵이 글의 소재다. 건빵의 단점을 글의 도입부에서 먼저 언급함으로써 통조림 빵의 장점을 부각시키고 있다.

□ **常備食**じょうびしょく 상비식
□ **食感**しょっかん 식감
□ **缶詰**かんづめ 통조림
□ **お世辞**せじ 기분을 맞추기 위한 겉치레의 말
□ **ふわふわ** 부드럽게 부푼 모양
□ **焼**や**きたて** 막 구워냄
□ **切**き**り替**か**える** 새로 바꾸다
□ **思**おも**い立**た**つ** (어떤 일을 하려는) 생각을 하다
□ **取**と**りかかる** 착수하다, 시작하다
□ **救済用**きゅうさいよう 구제용

04

子供を保育園に入れた時のことだ。保育料は収入によって決められているのでサラリーマンのわが家は大して金持ちでもないのに、最高金額を払わなければならなかった。保育園に毎日ベンツで子供を送り迎えしている人がいた。ひょんなことからその子の保育料がゼロだということを知った。ベンツで子供を送り迎えしている人がどうして保育料を払わなくていいのか。①割り切れない気持ちを抑えられなかった。

しかし税制を考えれば、そういう結果になるのは当然かも知れない。サラリーマンは収入を100%捕捉されているのに対し、お店を経営していたその家は、赤字経営という理由で税金を全く払っていなかったそうだ。日本では税の不公平は「トーゴーサン(10、5、3)」もしくは「クロヨン(9、6、4)」という数字で表現される。所得の捕捉率がサラリーマンは10割、事業者は5割、農家は3割あるいはそれぞれ9割、6割、4割だという意味だ。

個人所得もそうだが、特に赤字企業問題も大きい。企業全体の約7割が赤字だということだ。有名な大企業なのに何十年も所得税を全く払わなかったということもある。②素人考えではそんなに赤字が続くのなら事業を止めたほうが良いのではないかと思うが、いかがなものだろうか。国の借金が1000兆円を超え財政が破綻しつつあり、消費税を上げる案が検討されているようだ。しかし、捕捉率が100%なら十分に間に合うのではないだろうか。

質問 ❶ ①「割り切れない気持ちを抑えられなかった」とありますが、なぜですか。

1 最高額の保育料を払わなければならなかったから
2 保育園の給食やおやつが無料だから
3 ベンツに乗るようなお金持ちが保育園に子供を入れているから
4 実際には金持ちなのに保育料を全く払わない人がいたから

質問 ❷ 「トーゴーサン」、「クロヨン」とは何ですか。

1 サラリーマンと事業者と農家のうち、所得税を捕捉された人とされなかった人の割合
2 サラリーマンと事業者と農家の、捕捉された所得と実際に支払われた税金の割合
3 サラリーマンと事業者と農家が、実際に払った税金と払わなければならない税金の割合
4 サラリーマンと事業者と農家の、実際の所得と捕捉された所得の割合

質問 ❸ ②「素人考えでは」とは、何についての考えですか。

1 所得税について
2 会社経営について
3 赤字について
4 借金について

- 형평성에 어긋난 세금 부과에 대해 비판하고 있다. '문제 제기 → 상황 설명 → 글쓴이의 의견' 순으로 전개된다. 첫단락에 먼저 문제를 제기하고 있어서 앞으로 다룰 내용이 무엇인지 짐작할 수 있다.

- □ **ひょんな** 묘한, 엉뚱한
- □ **おやつ** 간식
- □ **割わり切きれない** 납득이 안 가다, 석연치 않다
- □ **抑おさえる** 억누르다, 참다, 억제하다
- □ **捕捉ほそく** 포착, 붙잡음
- □ **素人しろうと** 초보자
- □ **破綻はたん** 파탄

05

日本では老後の生活を安定させるために年金制度がある。1961年に自営業者や農林漁業(のうりんぎょぎょう)などに従事している人のために国民年金制度が発足した。以前から企業で働く人には厚生(こうせい)年金、公務員には共済(きょうさい)年金制度があった。これで全ての国民のために年金が用意され、老後の生活が一定まで保証されることになった。

しかしそれは錯覚であった。何度かの改正を経た現在でも将来起きる問題の解決には至っていないのだ。予想を超える高齢化社会が現実になってきたからである。年金は「世代間扶養(ふよう)」という仕組みを取っているので、現在支払われている保険料は、現在の高齢者に給付されている。そのため(　　　　　　　)、高齢者を支える人数(年金保険料支払者)の低下に繋がる。計算によると1964年生まれを分岐点として、若い世代は支払い保険料より受給額のほうが減少することになるそうだ。更に年金制度そのものが破綻するのではないかと心配する若者もいる。特に国民年金は４割近い未納者を抱えている。年金不信が未払いという形で現れているのだ。

年金制度の維持のため様々な改革が進められているが、保険料を値上げしたり受給(じゅきゅう)額を減らしたりすることばかり考えるのでなく、税金の投入をもっと増やすことで年金をもっと魅力的なものにしなければ、年金離れがますます進むことになるだろう。

質問 **1** 「それは錯覚であった」とあるが、どういう意味ですか。

1 現在の年金受給額が低すぎて安定した生活ができないのは勘違いだった。
2 年金で老後を豊かに暮らせるようになるというのは勘違いだった。
3 国民全員が年金をもらえるようになると思ったのは勘違いだった。
4 ある程度の年金が将来も保証されているというのは勘違いだった。

質問 **2** (　　　　　)に入れるのに一番よい言葉を選びなさい。

1 労働者数の増加は
2 労働者数の減少は
3 労働者と受給者の増減は
4 労働者と受給者の減少は

質問 **3** 年金の説明として合っているのはどれですか。

1 年金には４割ほどの未納者がいる。
2 現在年金は保険料だけで支えられている。
3 現在の制度では払った額さえ支給されない人が出てくる。
4 未払いの理由は将来年金が受け取れなくなるからだ。

- 우리말과 어순이 같은 일본어에서 우리말과 품사가 일치하지 않는 표현은 일본어식 표현이다. 예를 들어 우리말은 「年金制度を維持するため(연금 제도를 유지하기 위해)」의 구조가 자연스럽다면, 「명사+の+명사」 구조가 많은 일본어는 「年金制度の維持のため(연금 제도의 유지를 위해)」의 구조도 많이 쓰인다.

□ **発足**ほっそく 발족
□ **繋**つな**がる** 이어지다, 연결되다
□ **抱**かか**える** 껴안다, 떠맡다
□ **値上**ねあ**げ** 가격 인상

06

健康ブームである。そのためかサプリメント(栄養補助食品)に頼る人が多い。ある調査によると「いつもサプリメントを飲んでいる」20.8%、「時々飲んでいる」29.4%で、約半数が何らかのサプリメントを利用しているそうだ。また「今飲んでいないが今後飲んでみたい」と考えている人も22.8%に上り、潜在的利用者は予想以上に多いようだ。

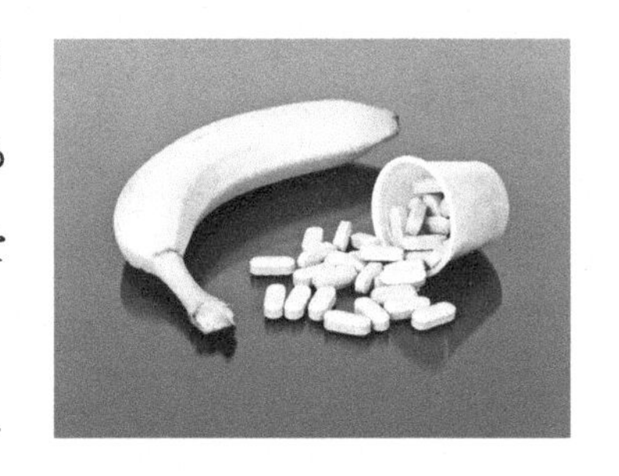

反面「無理にサプリメントを飲むよりは、野菜とか果物とかを食べて補いたい」、「種類が多すぎて自分に合うものを選ぶのが難しい」、「どれだけの効果か疑問だ」など26.9%が「今後もサプリメントを飲まない」との意見だった。実際に飲んでいたり飲みたいと回答した人の悩みは、男性が「日々の仕事による慢性疲労」、「目が疲れやすい」を挙げた。一方、女性の悩みは「肩こり・腰痛がひどい」など血行不良に起因する症状、体型、肌の荒れ、しみなどだった。

サプリメントは、あくまでも「栄養補助食品」であり、栄養バランスの良い食生活を心がけ、それでも足りないとき使用するのが基本だ。また摂取過剰になると病気を引き起こすビタミンA、ミネラルなどには注意する必要がある。それに天然成分と合成成分の機能が必ずしも同一とは限らず、体の中で吸収率が落ちる可能性もある。

更にサプリメントには、たいてい添加物が使用されている。錠剤には材料を固めるための物質や一定の大きさにするために足りない分量を埋め合わせる物質、また材料が型に付くのを防ぐ物質、錠剤を湿気や酸化から守り飲み込みやすくする物質などが使われている。ドリンク剤には保存料、着色料、香料、甘味料などが添加されていることが多い。❶こうした点から、サプリメントを(　①　)まず食生活を見直し(　②　)サプリメントを(　③　)のが賢い使用方法だと❷思われる。

質問 ❶ ①②③に入れるのに一番よい言葉を選びなさい。

	①	②	③
1	① 使用する前に	② 不可欠な	③ 適当に使う
2	① 使用するなら	② 最小限必要な	③ 適切な量を使用する
3	① 使用するときは	② 最大必要な	③ 摂取しない
4	① 使用する前に	② 必要なだけ	③ 選ぶ

質問 ❷ 約４分の１の人はサプリメントについてどう考えていますか。

1 慢性的に疲れているので将来飲みたい。
2 健康なので飲む必要がない。
3 自分に合った物があれば飲む。
4 今後も食べ物で補うから要らない。

質問 ❸ 筆者はサプリメントの問題点が何だと言っていますか。

1 使用方法を間違えるとかえって体に悪い。
2 サプリメントに頼ると食事がおろそかになる。
3 サプリメントには有害な物質が含まれている。
4 本当に効果があるかどうかわからない。

Point 핵심

- 지시대명사의 범위를 정확하게 파악하는 것은 중요하다. 단순히 단어 하나일 때도 있고, 단락 전체를 가리킬 때도 있다. 지시대명사의 영향력이 미치는 범위가 어디까지인지를 알면 문맥을 정확히 이해할 수 있다. ❶「こうした点から」는 앞의「サプリメントはあくまでも～ / また～ / 更に～」이 세 단락의 내용을 모두 가리킨다.
- ❶「こうした点から」의「から」는 ❷「思われる」의 근거를 나타낸다.

- □ **何**なん**らか** 얼마간
- □ **潜在的**せんざいてき 잠재적
- □ **補**おぎ**なう** 보충하다
- □ **荒**あ**れ** 거침
- □ **しみ** 기미
- □ **あくまでも** 어디까지나
- □ **心**こころ**がける** 유의하다, 명심하다
- □ **埋**う**め合**あ**わせる** 메워 넣다, 벌충하다
- □ **飲**の**み込**こ**む** 삼키다
- □ **見直**みなお**す** 다시 보다, 재평가하다
- □ **賢**かしこ**い** 현명하다, 똑똑하다

07

外国から見た日本料理は「寿司」、「てんぷら」などがその代表かもしれない。またお好み焼きなども日本の料理として有名である。しかし、てんぷらはもともと外来語であり、日本の料理ではない。お好み焼きもその起源は日本だが、戦前まで洋食焼きと言われていたように日本食ではなかった。では、本当の日本料理とはなんであろうか。

日本料理の特徴は、(　　　)でいうと素材とその新鮮さにある。日本料理の材料は穀物や野菜、豆、魚貝類といったものが多く使われ、乳製品はほとんど使われない。そして調味は昆布をベースに使った出し汁が基本となっており、風味の強い香辛料などの使用が少ないことが挙げられる。そして、調理においては素材を切ることが主で、煮ることが従になるのが伝統的な日本料理の特徴といえる。刺身などがその代表的な例である。

しかし、日本料理といっても地方によって違いがある。日本料理を地域別に大きく分けると、東京を中心にした「関東料理」と大阪を中心にした「関西料理」に分けられる。うどんを例に挙げると、関東のうどんの汁は色が濃く、味も塩味がつよく、関西のうどんの汁は透明である。関東はかつお出しをベースにしょうゆをたくさん使うが、関西は出し汁をベースにした料理が多く、甘めで薄味だからだ。カップうどんなどの味付けも関東と関西では違っているという。また、お正月料理に使われる餅の形も違う。関東の餅は四角で、関西の餅は丸餅である。同じ日本料理でもいろいろな違いが見えておもしろい。

質問 1　(　　　　　)に入れるのに一番よい言葉を選びなさい。

1 基本
2 ひとつ
3 ひとこと
4 本来

質問 2　日本料理の特徴は何だと言っていますか。

1 昆布の出し汁
2 様々な乳製品
3 甘めのうどん
4 素材と新鮮さ

質問 3　関東と関西の料理はどんなところが違いますか。

1 関西料理は出し汁で、関東料理はかつお出しとしょうゆで味をつける。
2 関西はかつお出しを使うが関東では食べない。
3 関西のうどんは汁の色が濃く、関東のうどんは汁が透明だ。
4 関西のうどんはおいしくて、関東のうどんはおいしくない。

Point 핵심

- 일본어에서 「、」은 문장의 의미를 이해하기 위해 아주 중요하다. 「出し汁をベースにした料理が多く甘めで薄味だ」라는 문장이, 「出し汁をベースにした料理が、多く甘めで薄味だ」가 되면 의미가 달라진다. 요리가 많은 것이 아니라 많이 달다는 의미가 되는 것이다. 일본어 문장을 읽을 때는 「、」의 의미에 대해 잘 생각해서 끊어 읽는 것이 좋다.

- □ **起源**きげん 기원
- □ **穀物**こくもつ 곡물
- □ **魚貝類**ぎょかいるい 어패류
- □ **乳製品**にゅうせいひん 유제품
- □ **香辛料**こうしんりょう 향신료
- □ **煮る**にる 삶다, 조리다
- □ **出し汁**だしじる 맛을 내는 국물

08

日本は昔から何度となく大きな地震に遭い、多くの歴史的建造物が失われました。ですから世界最古の木造建築物が、今から1400年以上も昔の西暦600年ごろに建造された日本の法隆寺だと知って驚く人が少なくありません。何度も地震に襲われながら、多くの三重塔、五重塔が日本各地に残っています。もちろん由緒ある木造建築物が数多く失われてきたことも事実ですが、その原因は地震の揺れではなく、その後の火災によることが多いそうです。

木造建築にもかかわらず、なぜ五重塔のような高い建物が倒壊しないで残ってきたのでしょうか。秘密は建物の構造にあるそうです。塔は地震の時１階部分が右なら２階は左、３階はまた右というように、蛇のように体をくねらせて地震と一緒に揺れるのだそうです。更に中央の柱が振り子のような役目を持ち揺れを抑えます。木と木の接合部分にもゆとりがあるので揺れを吸収します。五重塔は地震に逆らわず、地震の力をすべての部分に受け入れることで倒壊を免れているのです。

近代建築は高いビルを建てる場合、地震に備えるためコンクリートに鉄筋や鉄骨を入れ、揺れないようにすることで建物を守ろうとしてきました。❶ところが最近の高層ビルはその反対で地震に逆らわず、地震の力を受け止めて分散し、適度に揺れる構造に変えることでビルの崩壊を防いでいます。まさに五重塔の知恵が生かされているのです。

質問 ❶ **法隆寺が世界最古の木造建築物だと知って驚く理由は何ですか。**

1 法隆寺が古い建物なのに立派だから
2 そんな昔に日本に法隆寺のような建物を造る技術があったから
3 ほかの建造物が地震で失われたのに法隆寺だけが残っているから
4 日本は地震が多いから何度も地震に遭ったはずなのに壊れなかったから

質問 ❷ **五重塔が倒れない理由は何ですか。**

1 地震に逆らわないで力が一部にだけかかるのを防ぐ構造だから
2 蛇のようにうねって地震の揺れをなくす構造だから
3 中央に振(ふ)り子(こ)があって揺れを抑え、全体が大きく揺れる構造だから
4 木と木の組み合わせがしっかりと止められている構造だから

質問  **この文章の内容と合っているのはどれですか。**

1 最近の高層ビルは五重塔の技術をすべて使用して建てられている。
2 地震の時五重塔は一階おきに同じ方向に揺れる。
3 歴史建造物が失われた理由は地震が起きたからだ。
4 地震の時最近のビルは一階ごとに揺れる方向が違う。

Point 핵심

- 건축 공법상의 건물의 구조적 특징을 설명하는 부분이 많으므로 각 시대별로 어떤 차이가 있으며, 어떤 지혜가 발휘되고 있는지를 잘 이해한다.
- ❶「ところが」와 같은 접속사는 글의 전환을 암시하며, 특히 몇 가지 대상을 비교 설명할 때 흔히 쓴다.

□ **襲**(おそ)**われる** 공격을 당하다
□ **倒壊**(とうかい)**する** 무너지다
□ **くねる** 구불거리다
□ **抑**(おさ)**える** 억제하다, 억누르다
□ **逆**(さか)**らう** 거스르다
□ **免**(まぬが)**れる** 모면하다, 벗어나다
□ **受**(う)**け止**(と)**める** 받아내다

09

相撲の歴史は日本の歴史とともにある。国内はもとより海外にまでファンを持つ日本を代表するひとつの文化といえる存在となっている。相撲は「日本の国技(こくぎ)」として法による規定はないが、日本の伝統文化を代表する国技であることは間違いない。

相撲の魅力はまず、無差別格闘技というところにある。小さな力士(りきし)がその技量と気迫で大きな力士をなぎ倒すというところに大きな魅力を感じるのだ。また、相撲はルールが単純で、土俵(どひょう)の外に出たり、ひざ上が土に付くと負ける。そのため勝負はほとんどが一瞬で決まる。つまり、一発勝負であるということも魅力の一つだ。それから、伝統を重んじるその運営方法も魅力の一つといえる。他競技でいうところの主審に相当する行司の服装、言葉、動き、そして試合の運び方や力士の髪型や服装、その全てが何十年、何百年と守られてきたものである。

その相撲が、試合の前に話を合わせて勝敗を決めておく、いわゆる八百長(やおちょう)問題で大きく揺れた。相撲の八百長問題は以前から言われてきていたが、今回のように多くの力士や関係者が処罰されたのは初めてだ。しかし、それは一部の力士であり、❶「ガチンコ力士」として横綱(よこづな)まで上り詰めた力士もいる。八百長問題で、これまでの相撲の歴史や鍛えられた巨大な身体がぶつかりあう息詰まる瞬間を失うのは、あまりにも惜しい。これから、相撲業界が立ち直り、信頼を回復してくれることを祈るばかりである。

質問 ❶ **相撲の説明として合っているのはどれですか。**

1 日本以外では人気が出ない。
2 法が決めた日本の国技である。
3 国技でないため知っている人があまりいない。
4 相撲の服装や試合のルールは何百年も続けられたものだ。

質問 ❷ **相撲の魅力は何ですか。**

1 いろんな国の選手が参加している。
2 体重別に競技があっていろんな試合を見られる。
3 ルールが単純で勝負が一発勝負である。
4 毎年新しいルールを作って試合をする。

質問 ❸ **相撲業界にどんな問題が起こっていると言っていますか。**

1 すべての試合の勝負が決まっている。
2 八百長問題が発覚し多くの関係者が処罰された。
3 一発勝負を見かけないようになった。
4 若い力士の服装が問題になった。

Point 핵심

- ❶「**ガチンコ力士**」는 텔레비전 방송에서 사용되어 유행어가 되었지만 원래는 스모 업계의 은어이다. 어원은 스모 선수끼리 격렬하게 부딪칠 때「**ガチン**」하는 소리가 난다는 것에서 진검 승부를 나타내는 은어로서 사용되게 되었다. 승부 조작과는 관련 없이 진심으로 승부하는 스모 선수를 흔히「**ガチンコ力士**」라고 부른다.

□ **気迫**きはく 기백
□ **八百長**やおちょう 미리 짜고 하는 승부
□ **賭博**とばく 도박
□ **一発勝負**いっぱつしょうぶ 한판 승부
□ **鍛**きた**える** 단련하다, 훈련하다
□ **息詰**いきづ**まる** (긴장 · 압박으로) 숨이 막히다

10

ドアを開けようとしてピリッとかパチッとか手に静電気が走ることがあります。体にたまった静電気がドアの取っ手に触れる直前に空気中を通り抜けて一気に手に流れるからです。セーターなどを脱ぐ時なども静電気のパチパチ音がすることがあります。日本では冬は空気が乾燥するので、この現象がよく起きます。これは空中の水分と関係があり、夏は空気が湿っているので空中の水分を通じて静電気が空気の中に流れ出し、体に溜まらないからです。

年中パチパチしている人もいれば、(　　　)パチパチ知らずの人もいます。服を脱いでもらい体に溜まる電気の量を調査したら、千ボルトぐらいしか溜まっていない人もいれば１万３千ボルトもある人もいたそうです。どうしてこんなに違うのかというと着ていた衣服が違っていたからだそうです。動くと服同士が擦れて静電気が起きるのですが、服の組み合わせによって発生する電気の量が違うのだそうです。

❶材料が「離れている」ほど静電気が起きやすいのだそうです。ウール・ナイロン・レーヨン・体・綿・革・絹・ポリエステル・アクリルのように並んでいます。つまりウールとアクリルの服を着ると最も静電気が起き、隣合わせの繊維の場合はほとんど静電気が発生しないというわけです。パチパチしたくない人は服の組み合わせを考えたほうがよさそうです。

質問 ❶ (　　　　)に入れるのに一番よい言葉を選びなさい。

1 反対に
2 反面に
3 対極に
4 対照に

質問 ❷ 一番静電気が留まりにくい組み合わせは何ですか。

1 ウールとレーヨン
2 綿と革
3 アクリルと絹
4 レーヨンと綿

質問 ❸ この文章の内容と合っているのはどれですか。

1 服を脱ぐとき静電気が流れるのは部屋の温度が低いからだ。
2 静電気が溜まっている人はドアに触れるたびに電気が流れる。
3 静電気が流れるかどうかは部屋の電気製品の数による。
4 静電気が溜まりやすいかどうかは空中の水分に影響される。

핵심 Point

- ❶「材料」의 해석에 유의하자. 이 글에서의「材料」는 '소재'라는 뜻으로 쓰였기 때문에 '재료'라고 직역하면 이해가 안 된다. 이렇게 우리와 같은 한자를 쓰지만 그 쓰임은 다를 수 있으니 주의한다.

□ **ピリッと** 전기 등이 찌릿하게 통하는 모양
□ **取**(と)**っ手**(て) 손잡이
□ **通**(とお)**り抜**(ぬ)**ける** 빠져나가다
□ **一気**(いっき)**に** 단숨에, 한꺼번에
□ **湿**(し)**める** 축축해지다
□ **溜**(た)**まる** 쌓이다
□ **擦**(こ)**する** 스치다, 비비다

11

韓流ブームが新たな局面を迎えている。これまでの中高年女性を中心としたペ・ヨンジュンさんを代表とする男性韓流スター人気に加え、「新韓流」とも呼ばれる女性K-POPグループの「KARA」、「少女時代」、そして「東方神起」や「BIGBANG」などの男性K-POPグループが日本デビューを果たした。これらの新しい韓流アイテムは、若い女性や男性、そして中年の男性など新しい熱狂的なファン層を生みだしている。また、この展開はアジアを越えて米国、ヨーロッパ、中南米まで広がっていて規模が拡大してきている。

このように国籍と言語が違う人々がK-POPに熱狂するのは歌唱力とダンス、言語実力、質の高い音楽、洗練された容姿などを整えた「よく作られたコンテンツ」が基盤になったというのが支配的な見解だ。そして、インターネットとスマートフォンなどの普及により、YouTubeなどに公開されたミュージックビデオや各種放送出演映像を通じて海外進出前から現地の多くのファンを確保するようになったからだといえる。

調査によると、昨年に韓国から輸出されたテレビドラマなどの放送コンテンツは、総額で前年比1.9％増の約154億円に上るという。韓国の計画的で組織的な新韓流ブームの成功は韓国経済の世界進出の姿とも言える。

質問 1　新しい韓流とこれまでの韓流の違いは何ですか。

1 ドラマよりK-POPのほうが人気が高くなった。
2 新大久保(しんおおくぼ)で焼肉屋に多くの女性がおとづれるようになった。
3 これまでは中高年女性中心だったが新しいファン層が現れた。
4 中高年女性は韓流ブームがなくなった。

質問 2　K-POPの人気の原動力は何ですか。

1 若い歌手のデビュー
2 若い女性や男性、中年の男性など新しいファン層
3 韓国から輸出されたテレビドラマ
4 歌唱力やダンス、言語実力や容姿などよいコンテンツ

質問 3　韓流ブームに影響を与えているものは何ですか。

1 インターネットやスマートフォンなどのデジタルメディア環境
2 世界各国のK-POPのファンたち
3 韓国の政府
4 韓国経済の世界進出

Point 핵심

- ❶「新たな」는「新しい」와 같은 의미이지만「新たな境地(새로운 경지)」나「新たな事実(새로운 사실)」처럼 단어를 수식할 때 좀 더 무거운 느낌을 주는 표현이다.

- ☐ **これまで** 이제까지
- ☐ **相次**あい**いで** 연이어
- ☐ **熱狂的**ねっきょうてき 열광적
- ☐ **規模**きぼ 규모
- ☐ **拡大**かくだい 확대
- ☐ **歌唱力**かしょうりょく 가창력
- ☐ **容姿**ようし 용모

12

最近は国際結婚も多く、韓国人と日本人のカップルも [1]年を追うごとに増えている。だが、似ているようで違うのが韓国と日本の結婚式である。将来のためにもその違いを知っておく必要があるかもしれない。

日本では婚約の意味で、結納(ゆいのう)と言う儀式が行われる。男性の家族が、女性の家に「娘さんをください」とお願いしに行く儀式だ。いろいろなものを持っていくのは同じだが、韓国のように友達が参加することはない。次に、結婚式について説明したい。日本ではクリスチャンでなくても教会式を選択したり、結婚式をしないで披露宴だけするなど当人次第である。結婚式場には偽者の神父さんが準備をしているなど、宗教よりはファッションとしての選択と言える。披露宴は２時間くらいかかる。友達代表の挨拶、職場の上司の挨拶など、ともかく長い。この間に新郎新婦は衣装を２、３度変えて招待客に美しさをお披露目する。

招待客になった場合はいろいろ注意しなければならない。まず、最も気をつけたいのは結婚式には招待された人だけが出席できるということだ。招待されると言うことはとても意味のあることで、結婚式にはある程度の正装を着て行くのがマナーである。(　　　)、結婚式の当日に特別な理由もなく行かなかったり、招待されてないのに行ったりすることは大変失礼なことになる。次に注意したいのはお祝いだ。会場の受付で封筒に入れたお祝いを渡すが、金額は友達だったら３万円ぐらいと非常に高額である。封筒も結婚式用の華やかな封筒に入れなければならない。月に結婚式が２、３回あるとその出費は相当大きい。最後は新郎新婦に挨拶をしながら招待客はいっせいに帰宅する。用事があっても途中で席を立つことは失礼になる。

質問 ❶　(　　　　　)に入れるのに一番よい言葉を選びなさい。

1 しかし
2 けれども
3 当然
4 最も

質問 ❷　日本の結婚式の特徴は何ですか。

1 教会でしなければならない。
2 友人代表などが挨拶をする。
3 新婦の服装は白い着物と決まっている。
4 お祝いのお金をたくさん払わなければ行けない。

質問 ❸　この文章の内容と合っているのはどれですか。

1 お祝いの封筒は決まったものを使わなければならない。
2 結婚式では何度も着替えなければならない。
3 招待されていない人も結婚式に参加できる。
4 結婚式の途中に席を立つこともある。

핵심 Point

- 글의 도입부에서 전체 내용을 요약하거나 뒤에 나올 내용을 시사하는 경우가 많다.
- ❶ 「年を追うごとに」는 '매년, 해마다'라는 의미이다. 여기서는 「増えている」와 사용되어 시간이 지날수록 늘고 있다는 것을 나타내고 있다. 이 외에도 변화를 나타내는 동사 「減る(줄다)」, 「変わる(바뀌다)」 등을 붙여 쓴다.

- □ **儀式**ぎしき 의식
- □ **クリスチャン** 크리스천, 기독교인
- □ **神父**しんぷ 신부
- □ **披露宴**ひろうえん 피로연
- □ **次第**しだい ~에 따라 결정됨, ~나름임
- □ **宗教**しゅうきょう 종교
- □ **職場**しょくば 직장
- □ **衣装**いしょう 의상

13

葬式といえば昔からお金がかかるものと決まっていた。ところが2000年ぐらいから遺体を火葬する以外儀式は何もしないという「直葬」を選ぶ人が増えつつある。ある葬儀社ではそれが４割にも上ると言う。以前から100万以上のお金をお寺に納めたとか、葬式の祭壇費用が最低ランクから最上級まであって、せめて❶並にしてやりたいという遺族の気持ちを逆手に取っているのではないかとの声があった。それが「直葬」だとその１割か２割の金額で全てが賄えてしまう。

「直葬」の増加の原因は不況のせいもあるだろう。しかしお金の問題だけではないだろう。どんなにお金がなくても、極端な場合は借金してでも葬儀は行われていた。葬儀は死者のためでもあるが、同時に残された人のためでもあるからだ。宗教的な面もあるけれど、お付き合いの面も重要なのだ。

以前は社員の葬式というと、会社が面倒を見てくれることが少なくなかった。しかし会社も今では社員の個人的生活には立ち入らないようになった。本当に親しい人や親戚だけで行う「家族葬」が人気であることからも、死が個人のものになり、死の悼み方も多様になっていることがわかる。今後も(　　　　　　　　　　　　　　　　)。

質問 ❶ (　　　　)に入れるのに一番よい言葉を選びなさい。

1 この傾向は変わらないだろう
2 葬儀社はつぶれてしまうだろう
3 直葬がほとんどになるだろう
4 家族葬が人気１位を占めるだろう

質問 ❷ 「直葬」というのは何ですか。

1 金をかけないための葬式のやり方
2 死んだ人を直ぐにお墓に葬(ほうむ)るやり方
3 火葬だけで済ませるやり方
4 親しい人だけで葬儀をするやり方

質問 ❸ 葬式はどう違ってきましたか。

1 以前は金がかかったが、今はお金がかからなくなった。
2 以前は社葬の習慣があったが、今は会社の人は手伝わない。
3 以前は借金しても一般的な葬式をしたが、今は金がない人は直葬をする。
4 以前は多くの人が集まって葬式をするのが一般的だったが、今は様々だ。

핵심 Point

● ❶「並にする」는 직역하면 '일반적인 수준으로 한다'는 뜻이다. 「並」는 일반적이고 보통인 것을 뜻하는데 직역으로는 의미 파악이 어렵다. 유족들은 죽은 이에게 일반적이고 보통 수준으로 장례를 치뤄주고 싶어한다. 이것은 다시 말해 남들 하는 만큼의 수준은 해 주고 싶어한다는 의미로 보면 무난하다.

- □ **納**おさ**める** 납부하다, 수납하다
- □ **せめて** 적어도, 최소한
- □ **並**なみ 보통, 중간, 예사로움
- □ **逆手**さかて 일반적인 방법과는 반대의 방법으로 대처하는 것
- □ **賄**まかな**う** 충당하다
- □ **立**た**ち入**い**る** 간섭하다, 관여하다
- □ **行**おこな**う** 행하다
- □ **悼**いた**む** 애도하다, 추모하다

14

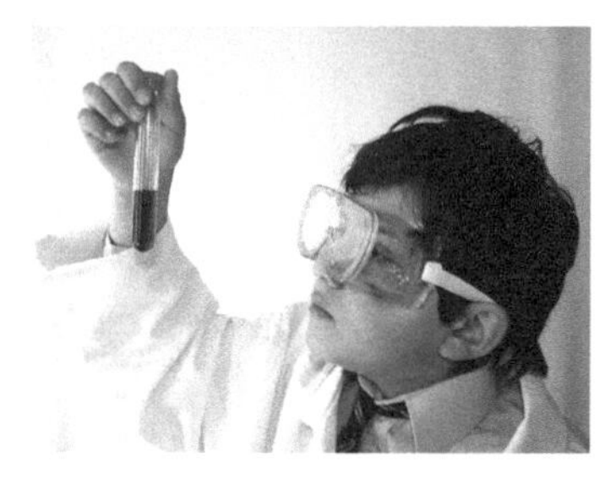

理科嫌いの子供が多いそうだ。しかしこんな実験を体験したら、嫌いな理科も好きになること間違いなしだ。あらゆる人に科学の楽しさを体験してもらう科学教室が各地で開かれている。例えば、物質(ぶっしつ)は「電子(でんし)」というマイナスの電気を帯びた粒をたくさん持っている。物と物を擦ると片方の電子がもう一方へ移り、電子を奪った方はマイナス、失った方はプラスの電気を帯びる。これが静電気だ。誰もが子供の頃プラスチックの下敷(したじ)きを頭に擦りつけて持ち上げ、髪を逆立ちさせた経験があるだろう。下敷きがマイナス、髪がプラスになって引き合うのだそうだ。

静電気の実験をもっと楽しく行う方法がある。ビニール袋を細長く切って紐を20本ぐらい作り、片側をセロハンテープで結ぶ。この紐をティッシュペーパーで何回も擦ると、一本一本の紐がマイナスの電気を帯びて互いに反発して広がる。これをティッシュで擦ったアクリル製パイプの上に乗せようとすると、ビニールは宙に浮く。パイプも(　　　　　)、ビニール製の紐と反発し合うのである。使用する物を変えて風船などで実験したら、色もきれいでもっと❶喜ばれることは間違いない。

また科学教室に集まった全ての人が手を結び、電気が全員の体を通過する実験などはピリッとした感覚とともに忘れられない体験になるだろう。簡単な原理を見せ方を変えたり体験させることによって子供ばかりでなく大人をも引きつける。それはもう一つのショーのようだ。

質問 **1** (　　　　　)に入れるのに一番よい言葉を選びなさい。

1 プラスの電気がたまったため
2 電気を失ったため
3 マイナスの電気を帯びたため
4 電気がプラスになったため

質問 **2** この科学教室の特徴は何ですか。

1 簡単な実験ばかりだが、参加者は子供なので大喜びしている。
2 実験を見るだけだが、大人も楽しんでいる。
3 ここでする実験は全て学校ですることができる。
4 工夫することで科学を楽しく体験させる。

質問 **3** この文章の内容と合っているのはどれですか。

1 科学教室では下敷きで髪の毛を持ち上げたり、電気を体に通させたりする。
2 擦ったビニール袋やパイプを使ってビニールや風船を宙に浮かせることができる。
3 科学教室に参加した子供たちは理科が得意な子供ばかりだ。
4 ビニールとアクリルパイプは擦ると同じ電気を帯びる。

- 이런 종류의 글에는 주로 전문(伝聞)의 「そうだ」나 「ようだ・らしい」, 「~によると」 등을 많이 쓴다.
- 주어가 생략되어 있거나, 생략된 주어가 멀리 떨어져 있는 경우가 종종 있다. 주어나 작용을 받는 대상 따위를 정확히 집어내는 것은 문장을 이해하는 키포인트가 될 수 있다. ❶ 「**喜ばれる**」의 주어는 그 문장 안에는 드러나 있지 않고, 또 그 앞 문장에도 없다. 단락 전체의 주어, 즉 과학 교실에 참여한 사람들이 「**喜ばれる**」의 주체 또는 주어가 된다.

- □ **片方**かたほう 한쪽
- □ **下敷**したじ**き** 책받침, 밑에 깔림
- □ **擦**す**りつける** 문질러대다
- □ **持**も**ち上**あ**げる** 들어 올리다
- □ **逆立**さかだ**ち** 거꾸로 섬
- □ **引**ひ**き合**あ**う** 서로 끌어 당기다
- □ **結**むす**ぶ** 묶다, 맺다
- □ **引**ひ**きつける** 끌어당기다, 마음을 끌다

15

4月30日(土) AM10:00

モデルルームオープン!

安全で快適な生活を贈ります。今なら頭金０円でお求めになれます。
新宿から17分、田無(たなし)駅から７分の閑静な緑豊かな住宅地に
1000世帯の大型マンション誕生！

環境 大型スーパーに隣接。その他駅前に多くの商業施設。幼稚園、保育園、小・中学校が徒歩５分以内にあります。総合病院徒歩７分、小金井(こがねい)公園も徒歩圏です。

安全 24時間有人管理。夜間も２名の警備員が勤務。防犯カメラ設置。駐車場出入り口にオートシャッターを設置。防犯対策ドアの採用(開放試験で５分以上の耐久性を実証済み)。

共有スペース 広い玄関ホールは来客用応接セット多数。来客用の寝室、パーティールーム、ムービールーム、子供用プレイルームの設備。

設備 西東京(にしとうきょう)市で初めてのオール電化マンション。地震など、いざと言うときの安全性確保。

キッチン ハナシステムキッチンは一般的なキッチンと比べ２倍の収納力。１升びんやビールケースも楽々収納できます。ディスポーザー付きですから面倒な生ゴミ処理から解放され、キッチンをいつもきれいで清潔に保(たも)てます。IHクッキングヒーターの採用。給湯設備は夜間電力使用。

インターネット IP電話対応。専用線光ファイバー。

床暖房 夜間電力使用の床暖房で電気代がお得。

質問 1 この広告で分かることは何ですか。

1 マンションの価格と管理人がいる時間
2 どんな店が近くにあるかということと頭金
3 マンションの価格と部屋の広さ
4 防犯対策とマンションの値段

質問 2 このマンションの特徴は何ですか。

1 ゴミを捨てに行く必要がない。
2 昼間は電気を使わないので電気代を37%も節約できる。
3 病院や娯楽施設がすぐ近くにある。
4 安全のための設備が完備していて、ガスを使わない。

質問 3 このマンションの説明として合っているのはどれですか。

1 駐車場はまだ利用できない。
2 幼稚園がある。
3 頭金は要らない。
4 いろんな設備があって電気代が高い。

핵심 Point

- 요즘 흔히 볼수 있는 신규 건축 아파트의 분양 광고다. 우리나라에서 말하는 일반적인 아파트를 일본에서는 「マンション」이라 하고, 아파트 단지의 경우는 「団地(단지)」라고 한다.
- 광고문에서는 광고 대상, 조건, 특징 등을 살펴야 한다. 이 글은 아파트의 모델하우스 오픈을 알리는 광고인데, 그 안에 신축 아파트의 입지 조건, 내부 옵션 조건, 주변 시설 등이 자세히 나와 있다.

- □ **贈**おく**る** 보내다, 선물하다
- □ **頭金**あたまきん 계약금, 선수금
- □ **楽々**らくらく 편하고 쉬운 모양이나 상태
- □ **ディスポーザー** 디스포저, 부엌의 쓰레기를 잘게 으깨어 하수구로 내보내는 전기 장치
- □ **生**なま**ゴミ** 음식물 쓰레기
- □ **保**たも**つ** 유지하다

PART

3

長文

장문

01 로봇의 진화 | **02** 단카이 버블 | **03** 니트족이 된 젊은이들 | **04** 현대인의 건강한 식생활 | **05** 도야코 G8 정상 회담 | **06** 웃음은 만병통치약 | **07** 발명의 대가 | **08** 일본어 붐과 애니메이션 | **09** 아기 우체통 | **10** 초고령화 사회

01

ロボットはマンガやアニメの影響のせいか、人間のように二本足で歩行するというイメージがある。人間のように動き、人間を手助けしてくれるよき隣人のイメージを受けるためだろう。❶だから産業用ロボットから個人を支援する家事用ロボットに開発の目が向けられたのも、自然な流れだったのではないだろうか。「ASIMO」や「HRP-2」など、大学や企業の研究所からより人間的なロボットを作るための研究が続いている。

しかし、実際に生活の中で活用されているのは人型ロボットではなく人工知能を持つ家電たちだ。例えば、センサーで汚れ具合や部屋のレイアウトを感知し、掃除ルートを自分で判断する掃除機「ルンバ」は、世界40ヶ国以上で販売されており、累計出荷台数約400万台を超えるヒット商品となっている。また、家電だけではなく、この「ルンバ」の製作会社iRobot社は遠隔操作で動く多目的作業ロボット「パックボット」も開発している。「パックボット」は、2011年の東日本大震災で原子炉建屋(げんしろたてや)内の放射線量や温度・湿度を測定する目的で導入され、日本でも一躍有名になったが、それ以外にも爆弾処理などで実際に多くの人命を救っている。

このような(　　　)ロボットでなく、純粋に人の心を癒し、楽しませてくれるエンターティメントロボットと言われる癒し系ロボットの存在も見逃せない。癒し系ロボットの代表である犬型ロボット「AIBO」の開発は、社内で猛烈な反対にあったそうだ。確かに実用的な開発プロジェクトではない。いわば役に立ちそうもない、遊びの世界を目標にしていたからだ。しかし「AIBO」は大変な売れ行きだった。

また、2005年にギネス世界記録が公認した世界一の癒し系ロボット

「パロ」も有名だ。「パロ」はふさふさの白い毛皮を持ち、その中には科学技術がたくさんつまっている。例えば、スポンジ状の面触覚センサーで人が触った場所や、なでた方向を感知し、人が抱っこしたり、叩いたりすると、それを感じ取って反応する。また聴覚があり、音のする方へ顔を向けたり何度も呼びかけられる名前を自分の名前だと認識していく学習能力もある。なにより犬や猫のように、エサをあげたりいろいろ面倒を見る必要がない。「パロ」と触れ合っているとストレスが低減されるという、調査結果も出ているほどだ。そのため、アニマル・セラピー以上に「ロボット・セラピー」として高齢者向け施設や病院などで取り入れられている。機械であって機械でない。心の友になってくれるロボットだ。

現代はロボットなしではいられない時代となっている。部屋に引きこもる人たちが、自分そっくりのロボットを変わりに外出させる未来社会を描いた映画や、ロボットに恋をしてしまう映画もある。実際に体の不自由な学生のために代わりに授業を受けるロボットもある。ということは、ロボットに本当に恋をしてしまう時代も来るのかもしれない。

質問 1

(　　　　　)に入れるのに一番よい言葉を選びなさい。

1 家事用の
2 産業用の
3 実際的な
4 実用的な

質問 2

「ルンバ」の説明として合っているものはどれですか。

1 日本で開発された掃除機である。
2 センサーで汚れ具合や部屋のレイアウトを感知し、掃除ルートを自分で判断する。
3 遠隔操作で動く多目的作業ロボットである。
4 全世界で600以上の売れ上げをあげた。

質問 3

「パックボット」の説明として合っているものはどれですか。

1 人を癒してくれる。
2 お茶を出したり、簡単な家事を手伝ってくれる。
3 遠隔操作で動かすことができ、人のできない仕事をする。
4 家事用ロボットの進化したものだ。

質問 4

「パロ」の説明として合っているものはどれですか。

1 学習能力があり、自分の名前を覚えて反応する。
2 病院で仕事をする目的で作られた。
3 歌やダンスで人を喜ばせる。
4 産業用ロボットより技術が高度だ。

質問 5　癒し系ロボットの長所は何だと言っていますか。

1 小さいので運びやすい。
2 主人の言うことをよく聞く。
3 夜も寝ないで仕事が出来る。
4 動物のような面倒を見る必要がない。

質問 6　この文章で筆者が言いたいことは何ですか。

1 ロボットは人間の代わりにどんなことでもしてくれる存在である。
2 産業用、家事用、エンターテイメント用の順に技術が高度になっている。
3 ロボットは産業用だけでなく、家事用や医療にも幅広く使われている。
4 高齢者の中には、ロボットに恋する人もいる。

- 문장이 길다고 해서 복잡한 구조를 갖는 건 아니다. ❶「だから～目が向けられたのも」는 문장이 조금 길긴 하지만, 「～から～に～目が向けられたのも」의 단순한 구조로 되어 있다. 긴 문장이라고 겁먹지 말고 큰 틀의 구조만 잘 파악하면 된다.

- □ **手助**てだす**け** 도움, 조력
- □ **隣人**りんじん 이웃 사람
- □ **感知**かんち 감지
- □ **累計**るいけい 누계
- □ **癒**い**や**す 치료하다, 가시게 하다
- □ **汚**よ**ごれ具合**ぐあい 더러운 상태
- □ **遠隔操作**えんかくそうさ 원격 조작
- □ **始末**しまつ 다룸, 뒷처리
- □ **打**う**ち砕**くだ**く** 때려부수다, 분쇄하다

02

(A)「団塊（だんかい）バブル」とは、2007年から2009年にかけて団塊世代の定年退職がピークを迎え、膨大な人口が市場に参入し、市場が活性化するという仮説だった。実際に、60歳以上の世代の人口は3900万人❶に上り、30歳未満の人口を上回っている。

(B)「団塊退職バブルがくる」こんなフレーズがささやかれていたのは、つい数年前のことだ。「団塊」とは、もともと鉱物学の分野で、一塊の単位で採れる鉱物のことで、これを1976年に発表された『団塊の世代』という小説のなかで、1947年から1949年生まれのいわゆる第一次ベビーブーム世代のことをあらわす言葉として使われたのが始まりだと言われている。

(C) それはなぜだろうか。団塊世代の時代は物のなかった戦後の時代に生まれ、日本経済の急成長とともに成長し、30～40代の働き盛りにバブルを経験しているなど、生産、消費の時代とも言える。しかし、その半面戦争を経験した両親から生まれたためか保守的な体質が強い。そのため、生産と消費の時代を経験しながらも、基本的に質素（しっそ）な人が多いと言われる。また、保守的であるために、両親の(　　　)を見なければならないという負担感や、子供の面倒も見なければならないという負担感を常に抱えている。これらが、団塊世代の引退後の消費に影響を与えているものと考えられる。

(D) しかし、この期待は「空振り」に終わった。総務省の家計調査のデータによると、団塊世代退職後の60代の１世帯当り消費支出は、退職前と比べて約６％も減った。ただし団塊世代が加わったことで、世帯主が60代の世帯数は４年前に比べて約10％増加している。だからこの世代の消費が、わずかながら増えていることは間違いない。とは言うものの団塊世代の退職による景気回復の期待には達していない。

(E) それだけでなく、団塊世代は「金持ち」であり、時間もある。実際に1450兆円の全個人金融(きんゆう)資産の約６割は、60歳以上が握っているという。その上、定年退職後は時間的ゆとりがあるので団塊世代が第二の人生を楽しんでくれれば景気も良くなるだろうと期待されていたわけである。

質問 1 (A)から(E)の段落を正しい順番に並べなさい。

1 (B)→(A)→(E)→(D)→(C)
2 (A)→(E)→(B)→(D)→(C)
3 (B)→(E)→(D)→(C)→(A)
4 (A)→(B)→(E)→(D)→(C)

質問 2 (　　)に入れるのに一番よい言葉を選びなさい。

1 助力
2 手伝い
3 相談
4 世話

質問 3 団塊世代とはいつごろ生まれた人のことを言いますか。

1 1999年から2010年生まれ
2 1947年から1949年生まれ
3 1940年から1970年生まれ
4 1970年から1980年生まれ

質問 4 団塊バブルとは何ですか。

1 団塊世代の定年退職で退職金をもらってお金持ちが増えると言う仮説
2 団塊世代が次のベビーブームを呼んで人口が増えると言う仮説
3 団塊世代の定年退職で膨大な人口が市場を活性化するという仮説
4 団塊世代の定年退職で高齢者が増えると言う仮設

質問 5　団塊バブルの期待が外れた理由は何ですか。

1 団塊世代の退職が思ったより多くなかったため
2 団塊世代は保守的で節約家が多く、消費が活性化しなかったため
3 退職金を思ったよりもらえなかったため
4 退職しても時間のゆとりができなかったため

質問 6　団塊世代が保守的だと考えられるのはなぜですか。

1 経済の高度成長を経験したため
2 バブルを経験したため
3 金融資産が多いため
4 戦争を経験した両親から生まれたため

핵심 Point

- ❶「～に上る」는 주로 수사나 「～以上(이상)」 뒤에 붙어 '～에 도달하다'라는 의미를 나타낸다.

- □ **一塊**いっかい 한 덩어리
- □ **フレーズ** 문구, 관용구
- □ **質素**しっそ 검소함
- □ **空振**からぶ**り** 허탕, 빗나감
- □ **ゆとり** 여유

03

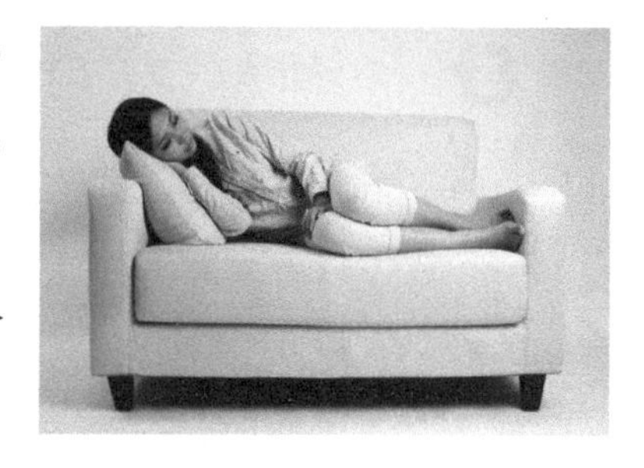

2007年の厚生労働省(こうせいろうどうしょう)の推計によると、2006年には「ニート」と言われる若者が全国で62万人いて、アルバイトで生計を立てている187万人の「フリーター」とともに社会問題になっている。「フリーター」は2003年の217万人をピークに徐々に減りつつあるが、「ニート」は、2002年から現在までほとんど変化がない。

「ニート」とは「Not in Employment, Education or Training」という英語の略で「NEET」と表す。「職に就いていない、学校機関に所属もしていない、就労に向けた具体的な動きもしていない」若者を指す。

なぜ「ニート」が生じるのか。19歳と23歳に「ニート」が多いことから、就職できなかった高校・大学の卒業生が就職を諦めてしまったからだという説がある。しかしそれだけでは片づけられないような気がする。人間関係を築くのが下手な若者が増えていることや、豊かな親に寄生して生活していけるから敢えて社会に出る必要がないという説のほうが納得できる。昔は学校を卒業したらすぐに就職しなければ暮らしていけなかったのだ。

「ニート」の存在は、ただでさえ少子化(しょうしか)が進み近い将来労働力不足に悩むことになる日本経済にも大きな影響を与えると見られている。労働者として経済を担う立場の若者が扶養家族になっている。彼らは働かないから当然税金や社会保険料を払わないので国の財政も悪化する一方だ。扶養してくれている親がいなくなったら、生活保護に頼ってしまう恐れもある。(　　　　)政府は「ニート」やフリーターのために「若者自立・挑戦戦略会議」を設置して真剣に取り組むことにした。今まで個人の問題だと手をこまねいていたが、ここに至り放っておけなくなったのだ。働く意欲を引き出し自立させるために国が支援するのだ。ボランティア、労働体験などをさせることにより、働く自信を持たせ意欲を育て、「ニート」から脱して❶次の段階に進んでもらうことを目標にしている。同様に経済界も「ニート」問題を重視し、職業教育を始めるようだ。

現在の「ニート世代(20～30代前半)」は、団塊世代の猛烈な生き方に影響を受けているという説もある。家庭を犠牲にして過労死(かろうし)する人さえ出るほど働いて日本の高度成長を築き上げた彼らを待ち受けていたのはリストラだった。そんな虚しい親の人生を見ていたら、「ニート」になるのは当然だという意見もある。あるいは「ニート」は、自分の本当に求めるものを見つけるために必要な時期だという意見もある。このように様々な価値観が存在するのだから、単純に「ニート」は悪だと決めつけることはできないだろう。もちろん社会の入り口で躓(つまず)き、働く意欲を失って「ニート」になった若者を、再教育するのは必要な政策であろう。だが「ニート」を生き方として、積極的に選んでいる若者をいくら働かせようと思っても無理な話だ。「ニート」は社会的な問題であるとともに、きわめて個人的な問題でもあるからだ。

質問 ❶　(　　　　　)に入れるのに一番よい言葉を選びなさい。

1 それなので
2 そうだから
3 そこで
4 そして

質問 ❷　「ニート」の説明で合っているのはどれですか。

1 19歳と23歳の就職に失敗した若者である。
2 十分に考えたうえでニートになった人も成り行きでニートになった人もいる。
3 親が財産があるから一生働かなくても大丈夫だ。
4 人との付き合い方を教えてもらわなかった若者たちを言う。

質問 ❸　「ニート」が社会問題になった理由は何ですか。

1 ニートは一人で生活できない人たちだから
2 ニートが多いと将来の労働人口が益々減ってしまうから
3 親が死んだ後働こうとしても無理だから
4 働かない人が多いと企業の数が少なくなるから

質問 ❹　「ニート」を容認する意見はどんなものがありますか。

1 自分でニートを選んでいるのだから個人の自由を奪ってはいけない。
2 男性より女性のほうが幸せな生き方をしている。
3 国の経済の問題より自分の生活が大事だ。
4 自分のしたいことを見つけるための大切な時期だ。

質問 **5** この文章で筆者が言いたいことは何ですか。

1 ニートは困った問題であるけれども数が少なければ問題ない。
2 ニートになった原因も様々なので再教育したほうがいいニートもいる。
3 ニートも男女にわけて考えたほうが解決しやすい。
4 ニートは社会的には問題だが、個人的には何の問題も起こさない。

質問 **6** この文章の内容と合っているのはどれですか。

1 ニート問題を解決しないと日本の経済が困ることになる。
2 就職できない人はニートになってしまう。
3 政府はニート専用の自立を目指した機関を設置した。
4 ニートを生み出した責任は団塊世代が負わなければならない。

핵심 Point

● ❶「次の段階に進んでもらう~」처럼 수동 문형과 함께 문장에 자주 등장하는 일본어식 표현 중 하나가「~てもらう」다. 이것은 상대에게「て」앞에 오는 동작을 해 달라고 부탁하거나 그 행위를 하게 하겠다는 뜻의 완곡한 표현이다. 우리말에 없는 문형이므로 '(상대가 내게) ~을 해 주었다, ~을 하다'로 의역한다. 단,「~(さ)せてもらう」는 반대로 말하는 사람 자신이「て」앞에 놓인 동사의 행위를 하겠다는 뜻이다.

- □ **諦**あきら**める** 포기하다, 단념하다
- □ **築**きず**く** 구축하다, 쌓다
- □ **片**かた**づける** 정리하다, 마무리를 하다
- □ **こまねく** 팔짱 끼다
- □ **待**ま**ち受**う**ける** 준비하고 기다리다
- □ **リストラ** 정리 해고
- □ **躓**つま**づく** 좌절하다, 실패하다
- □ **きわめて** 지극히, 매우

04

日本は豊かになって食べ物が溢れている。しかし健康になった❶かと言えば、決してそうではない。それどころか病人予備軍とでもいうような人が増えている。入院するほどではないが、いわゆる生活習慣病にかかっている人も多い。原因は運動不足と乱れた食生活にある。

現代は生活が便利になって体を動かす機会が少ない。移動のための手段が発達していることや時間に追われた生活をしているので、ほんの５～６分の所に行くのにも自動車に乗り、エレベーターやエスカレーターがあればそれを使用しがちだ。また仕事も机の前での仕事が増えている。工場でさえボタンの操作だけですべてが足りるようになってきた。昔は特別に運動しなくても、生活の中で自然に体を使っていた。機械が発達していなかったから何でも自分の体を使ってしなければならなかった。今は自分の体を動かすためにジムに通ったりジョギングしたり一日１万歩(まんぽ)歩いたり(　　　　)健康が維持できない。

食生活の問題も大きい。おかずやお弁当などを買ってきて食べるいわゆる中食(なかしょく)が増加している。この場合はどうしても、肉などが中心になり野菜が不足する。また高カロリー、高蛋白(たんぱく)、高脂肪(しぼう)の物が多く、ビタミン、ミネラルなど体調を整える栄養素が足りない。インスタント食品も脂肪(しぼう)が多くて栄養が偏り、その上食品添加物(てんかぶつ)が多い。家庭で作る場合も食の洋風化が進んでいるので、肉中心の献立(こんだて)になりがちである。昔ながらの野菜の煮物などは手間がかかると敬遠される傾向がある。海外で健康嗜好のために和食の人気が高いというのに、日本ではかえって食の洋風化が進んでいる。その結果癌や糖尿病、心臓病、脳卒中などの生活習慣病と言われる病気にかかる中高年が増加してきた。最近は若者にまで①それが及び、更に肥満や糖尿病に悩む子供まで現れた。

食品自体の問題だけでなく、その摂り方にも問題がある。欠食、過食、偏食、ダイエットの後遺症など様々な問題が起きている。20代では50%近くの人が週2～3回あるいはほとんど毎日欠食しているそうだ。特に朝食を抜く若者が20%以上もいて多くの病気を引き起こす原因になっている。成長期なのに朝食を食べないために朝からぼうっと過ごしている子供も増えている。②これは単に栄養不足というだけでなく、学力低下などほかの面でも問題を起こす。また過食で肥満になったり偏食で栄養失調になったりして体調を崩す人が多い。日本では男性は肥満傾向にあり女性は過度のダイエットでやせすぎの人が多い。肥満は生活習慣病を引き起こすし、やせすぎも放置すると将来骨折する心配がある。

日本では普通の食生活をしている人でも慢性的にカルシウム不足に陥っている人が大勢いる。日本は元々土壌にカルシウムが少ないので野菜や水に含まれるカルシウムが少ない。そのため意識的にカルシウムを摂らないとすぐ不足してしまう。日本人の約70%が必要なカルシウムを摂取できず、摂取量は先進国で最下位だということだ。カルシウムたっぷりの小魚や野菜中心のバランスが取れた昔の食事は、理にかなったものだったのだ。

質問 ❶　(　　　　　)に入れるのに一番よい言葉を選びなさい。

1　自然に運動すれば
2　意識して運動しなければ
3　運動するとき意識しなければ
4　運動を無視すると

質問 ❷　現在はどんな食生活になっていますか。

1　外食や中食(なかしょく)は問題だが、家庭で作る食事は問題がない。
2　食べ物が豊富になって栄養不足が解消された。
3　摂取する食べ物に問題があるうえに食習慣でも欠食など多くの問題をかかえている。
4　海外の人が和食に変えたのに日本では洋食を食べている。

質問 ❸　①「それ」は何を指していますか。

1　生活習慣病
2　食の洋風化
3　病気になること
4　肥満や糖尿病

質問 ❹　②「これ」は何を指していますか。

1　ぼうっと過ごしている子供
2　ダイエット
3　欠食や過食
4　朝食を抜くこと

質問 5 この文章に続けるのに最も適当な内容はどれですか。

1 昔の生活に戻さなければならない。
2 運動不足の解消が健康の第一要素だ。
3 運動不足と食生活の乱れを解消しよう。
4 カルシウムを十分に摂ろう。

質問 6 この文章の内容と合っているのはどれですか。

1 洋食を止めなければ健康に過ごせない。
2 食生活を変えるだけでは健康に過ごせない。
3 外食すると病気になる。
4 海外の人は和食を食べているので健康だ。

Point 핵심

- ❶「~かと言えば~ではない」의 문형은 문제 제기를 위한 도입부에 주로 등장한다. 앞으로 어떤 논지를 펼쳐갈 것인가에 대한 힌트인 셈이다.

- □ **溢**あふ**れる** 넘치다
- □ **乱**みだ**れる** 흐트러지다
- □ **偏**かた**よる** 편중되다, 치우치다
- □ **敬遠**けいえん**する** 경원하다, 일부러 피함
- □ **嗜好**きこう 기호
- □ **抜**ぬ**く** 거르다, 빼다
- □ **ぼうっと** 멍한 모양이나 상태
- □ **崩**くず**す** 무너뜨리다, 망가뜨리다
- □ **元々**もともと 원래, 본디
- □ **たっぷり** 충분히 많은 모양, 듬뿍
- □ **かなう** 들어맞다, 꼭 맞다

05

地球温暖化を防止するために、2008年7月の北海道洞爺湖(ほっかいどうとうやこ)サミットでは、2050年までに少なくとも50％削減を達成するという目標が共有されました。また、我が国でも、2020年までに1990年を基準にそれより25％削減し、2050年までに60～80％のCO_2排出削減を目指す「低炭素社会づくり行動計画」が2008年７月29日に決定されるなど、CO_2排出量の少ない低炭素社会の実現に向けた動きが本格化しています。CO_2の排出量は産業界からが最も多く次いで自動車・航空などの運輸、商業、サービス業などの業務関係そして４番目に多いのが家庭からの排出となっています。

CO_2削減のために、環境省は「クールビズ(COOLBIZ)」を呼びかけ、現在は従来からの「28℃の室温設定」、「ノー上着の奨励」、「断熱材の利用」に加え、「更なる軽装(けいそう)の奨励」、「勤務時間の朝型シフト」といったこれまでより一歩踏み込んだ、「スーパークールビズ」を推進しています。また、移動においてのCO_2削減のために、電車やバスなどの公共交通機関の利用を進めると同時に、ハイブリッドバス、さらに太陽光エネルギーなどの自然エネルギーを活用した最新型の車両なども登場しました。

日本の家庭部門からのCO_2排出量は1990年度に比べて、2007年度には４割以上も増加しています。これは、家電保有台数の増加などによって、家庭でのエネルギー消費量が増加していることが原因です。家庭からのCO_2排出量を抑えるためには、住宅建設、住まい方、改修、建替えのライフサイクル全体において、省エネを実現する必要性が生じました。そのため環境省は「エコハウスモデル事業」を設立しました。

エコハウスとは、環境への負荷を低減した住宅を意味します。自然環境に対して有害物質を発生せず、廃棄時には極力自然に近い状態に戻る素材を使い、人や動物に健康被害を引き起こすような有害物質を発生しない、安心して住むことのできる家、そして、極力電力を発生せずに快適に住むことができ、太陽光や雨水など自然エネルギーを有効利用できる家です。また、人が住むのに適した土地に建てられ、それぞれの地域の風土や習慣、素材を生かし取り入れ、過剰な設備は(　　　　)、本当に必要な設備のみを取り入れた家を意味します。このような家を建てるため、全国20の自治体をモデル地域として選定し、エコハウスのモデル整備や普及活動をサポートするだけでなく、税制改革など積極的な政策でエコハウスを含む温暖化防止対策を推進してきました。

そんな中、東日本大震災以降日本はこれまでにない節電対策のため、日々の生活に大きな変化が現れています。東京の夜が暗くなり、エスカレーターやエレベータなどの施設の使用制限の影響もあってか首都圏の顧客を中心にスニーカーの売り上げも伸びたそうです。また、エアコンよりは扇風機(せんぷうき)、電気マットではなく冷・温感シートなどの売り上げも伸びているそうです。この経験が、地球温暖化のための新たな力となることに期待したいものです。

質問 ❶ 「極力電力を発生せずに」とはどういうことですか。

1 マイナス極の電気を作らないで
2 極端な電力を出さないで
3 できるだけ電力を出さないで
4 できるだけ電力を作らないで

質問 ❷ (　　　)に入れるのに一番よい言葉を選びなさい。

1 設立せず
2 建築せず
3 設置せず
4 準備せず

質問 ❸ エコハウスの説明として合っているものはどれですか。

1 人や動物に有害な物質が発生しない家
2 最新の設備が整っている家
3 太陽光や雨水などを作ることができる家
4 廃棄物を活用した素材で建てた家

質問 ❹ 東日本大震災の後、東京で起きたことは何ですか。

1 エコハウスを建てることが義務付けられた。
2 エアコンの使用が禁止された。
3 どこへ行くにも歩かなければならなくなった。
4 エスカレーターやエレベータなどの施設の使用制限がおこなわれた。

質問 **5**　CO_2排出が増加している理由は何だといっていますか。

1 自家用車が増えているため
2 産業の発達で工場が増えているため
3 家庭でのエネルギー消費量が増加しているため
4 税制開発の影響で家電保有台数が増加したため

質問 **6**　「スーパークールビズ」で進めているのは何ですか。

1 上着を着ないで仕事をする。
2 26℃の室温設定を維持する。
3 お昼には作業をしない。
4 部屋をよく冷やして快適な温度にする。

- 환경 문제가 심각한 요즘 홋카이도 도야코 정상 회담에서 정한 탄소 배기량 삭감을 각 국가가 달성할 수 있을지 주목받고 있다. 덧붙여 지진으로 인한 에너지 절감 노력에 대해서도 설명하고 있다.

- □ **削減** さくげん 삭감
- □ **奨励** しょうれい 장려
- □ **改修** かいしゅう 수리
- □ **建替え** たてかえ 개축, 새롭게 만듦
- □ **促進** そくしん 촉진
- □ **過剰** かじょう 과잉
- □ **普及** ふきゅう 보급

06

原因不明の激しい痛みとともに関節が破壊され、徐々に体の自由が失われていく「慢性関節リウマチ」という難病がある。長年治療に当たっていた教授が、患者の気分が明るい時は痛みが軽く、悩みを抱えているときには痛みが激しいことに気がついた。(　　　　)精神の状態が病状に影響するかどうか実験してみた。患者に1時間落語を聞かせ、その前後に血液を採取してホルモンや免疫の状態を調べたところ、病気の悪化を示す物質が、落語を聞いた後では大幅に減っていることがわかった。中には健康な人の十倍以上あったのが正常値になった人もいたそうだ。痛みについての聞き取り調査でも、ほとんどの人が痛みが軽くなったと答えた。一時的ではなく痛みが軽減し調子の良い状態が約1ヶ月も続いていた人も現れたそうだ。

教授は研究を続けて「薬の治療だけでなく、心理面のケアが重要だと証明された。」と発表した。ところが日本では実験結果は酷評されただけだった。そこで世界的に権威あるリウマチ専門誌に投稿したところ、高い評価が受けられた。また別の報告だが癌患者を対象に吉本興業の公演を三時間見てもらったら、癌に対する抵抗力であるナチュラルキラー細胞が増加したそうだ。笑いが免疫バランスを正常にするらしい。

日本では昔から笑うといいことがある、幸せになるという意味の「笑う門には福来たる」という諺もある。笑いに対する研究が進んだことで、笑いが心身によい影響を与えることが証明されてきている。笑うことにより脳が刺激され、分泌が促進される。身体の免疫機能が高められ、ナチュラルキラー細胞が活性化され、細菌、ウイルス、癌細胞が排除されるようだ。笑いが私たちの体によい影響を与えることは常識になってきた。実際に笑うと呼吸が大きくなり、酸素(さんそ)が十分に供給され、内臓が動く。笑う時には胸やお腹、腰、背中など、意外にさまざまな部分の筋肉を使っているのでそれが体にいいのだ。

最近ではそれを治療に生かす医療現場も現れた。毎月病院の患者を集めて落語を披露(ひろう)するお医者さんもいるし、小児病棟に道化師(どうけし)を派遣しているボランティア団体もある。自治体でも笑いに取り組むところが出てきた。大阪府(おおさかふ)はお笑(わら)い芸人(げいにん)の協力で看護師や福祉職員らに話術を指導する方針を決定した。病院や施設から派遣された看護師や職員に落語や漫才(まんざい)を教え、習得したお笑いの技術を実際の場で役立てるそうだ。また定期的に患者を招(まね)き、演芸会を開催して研究データを収集し、笑いと医療の関係を研究している大学に協力することにもなった。

「先生、胸が痛いんです。」と訴える患者に❶「そうだろう。こんなもんが入っていたら。」と言って大きな石を取り出して見せる。患者はびっくりすると同時に笑い出す。そしていっぺんにリラックスする。このような光景が日常的に見られる病院が実際に存在する。お医者さんはマジックが趣味だ。こんな先生に治療してもらったら病気がすぐによくなる気がする。もしかしたら今後日本中の病院で笑いが溢れるようになるかもしれない。ちょっと楽しみだ。

質問 ❶　(　　　　)に入れるのに一番よい言葉を選びなさい。

1 その結果
2 それにより
3 そこで
4 そのおかげで

質問 ❷　この文章の中の教授が研究したものは何ですか。

1 笑いによる痛みの緩和がどのくらい持続するか
2 笑った後の全身状態
3 聞き取り調査の結果が血液検査にも現れるか
4 長時間笑った前後で痛みがどう変化するか

質問 ❸　研究の結果どんなことが分かりましたか。

1 笑いの効果はそのときだけでなく持続性がある。
2 笑いの実験に参加した患者全員に変化が現れ痛みを軽減した。
3 1時間で効果が現れる薬はない。
4 聞き取り調査と血液検査の結果は関係がある。

質問 ❹　笑いを生かす取り組みについて述べているのはどれですか。

1 まだ実際に始めている病院はいない。
2 落語やマジックができる医者をとこでも見られる。
3 医療現場で治療に笑いを取り入れる病院が現れた。
4 大阪府では医療及び福祉関係者に笑いの話術の習得を義務づけた。

質問 5　大阪府はどんなことをすることにしましたか。

1 患者や福祉施設の入所者に接する職員にお笑いの技術を身につけてもらう。
2 お笑い演芸会でデータを取って笑いと医療の関係を研究する。
3 お笑いの演芸会を府の住民のために開催する。
4 話術を習得した職員を病院や福祉施設に派遣する。

質問 6　「こんな先生」とはどんな先生ですか。

1 趣味のマジックを患者に試している先生
2 趣味のマジックで患者を楽しませている先生
3 趣味のマジックを見せびらかしたい先生
4 趣味のマジックが治療に効くか研究している先生

Point 핵심

- 일본어 문장에는 도치된 것이 많다. ❶「そうだろう。こんなもんが入っていたら。」를 보통의 문장으로 고치면「こんなもんが入っていたらそうだろう。」이다. 도치 문장의 목적은 순서를 바꿈으로써 의도를 더 강하게 어필하는 것이다.

Words

- □ **激**はげ**しい** 격심하다
- □ **落語**らくご 익살을 주로 한 이야기, 만담
- □ **免疫**めんえき 면역
- □ **細胞**さいぼう 세포
- □ **諺**ことわざ 속담
- □ **道化師**どうけし 익살부리는 것을 업으로 하는 사람
- □ **分泌**ぶんぴ 분비
- □ **漫才**まんざい 만담
- □ **取**と**り出**だ**す** 꺼내다
- □ **いっぺんに** 한번에
- □ **もしかしたら** 어쩌면, 혹시

07

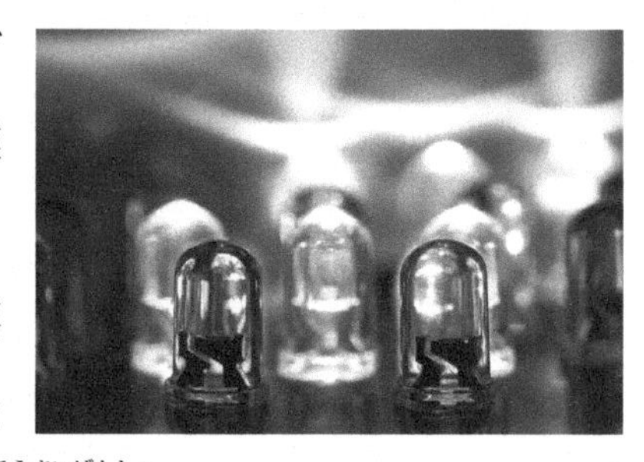

(A) 世紀の発明と言われた青色発光ダイオード(LED)の発明対価裁判は、企業特許の権利と研究者の貢献度をめぐって争われ、200億円という前代未聞の要求金額から企業で働く技術者だけでなく一般の人々の関心を引いた。東京地方裁判所の判決は発明者の貢献度を発明により企業が得た利益の50％と算定し、対価を600億円と認定し、会社に発明者の要求通り200億円を支払えと命じた。

(B) これに対し産業界は200億円という途方もない金額の支払いは企業活動支障を与えかねないとの意見を発表し、特許法の改正を求めたのである。発明者は会社から給与をもらい身分なども保障された上で研究開発を行っているのに対して、企業は研究開発が失敗する可能性、製品化する設備への投資、販売のリスクをすべて負っていると産業界は主張した。さらに会社が利益を手にするまでには多くの他の従業員の貢献があることも考えてほしいと言うのである。

(C) 発明者は会社に大いに貢献したのだから対価を受け取るのは当然だが、研究は一人でやったわけではなく、多くの協力者がいたはずだから、200億円は多すぎると企業側が感じるのは同然のことだ。

(D) この裁判は職務上の発明は会社の物という今までの常識を覆した点が新しい。以前は会社の職務としての発明にはほんのお涙ほどのお金が払われるに過ぎなかったが、裁判を機に企業では特許報奨金の大幅増減などに着手する動きが出ている。企業にとっても日本経済にとっても研究開発は大きな利益をもたらす。研究者が海外に流出したり、発明の意欲が削がれては大きな損失である。研究者に励みを与える報奨金の額が一気に上がったのは当然のことである。

(E) しかし発明の事業化に失敗した時のリスクは会社の負担であるし、営業努力が企業の業績を左右することを考えれば、どんなに画期的な発明でも、会社の業績に発明者一人が貢献したとは言えない。それをいくらだと見積もるのは大変難しい。青色発光ダイオードの発明者が初めに受け取った２万円は呆れた金額だが、余りに高ければ、会社が営業不振に陥る恐れもある。東京高等裁判所では特許に対する貢献度は５％だとの判断が下った。この数字が妥当かどうかはわからないが、当分はこれが目安(めやす)になるのだろう。

質問 ❶ 次の段落はどこに入れたらいいですか。

結局この裁判は会社が ❶発明の対価６億円、遅延損害金を含めた８億４千万円を支払うことで和解した。和解額の８億４千万円は東京地方裁判所の判決と比べるとかなり安いが、職務発明の対価としては過去最高額であった。これに対し発明者は「金額には不満だ。発明の対価がこんなに低くていいのか。」と不満を示した。一方、会社側は技術開発に伴うリスク負担を強調し、金額について不満を表明した。双方の見解の相違は明らかだった。

1 (A)の後ろ
2 (B)の後ろ
3 (C)の後ろ
4 (D)の後ろ

質問 ❷ 東京地方裁判所の判決はどんなものでしたか。

1 企業の利益の半分を支払うように命じた。
2 発明で生み出された利益を会社と発明者が半分ずつ分けるように命じた。
3 会社が潰れないように減額して200億円を支払えという判決を下した。
4 発明者の要求額を100％認める判決だった。

質問 ❸ 東京地方裁判所の判決に対する産業界の意見は何ですか。

1 このような判決を出す特許法は改正すべきである。
2 職務上の発明に対価を支払う必要はない。
3 200億円では高すぎて会社が潰れてしまう。
4 発明者の貢献度を重視した妥当な判決である。

質問 ❹　8億4千万円とは何の金額ですか。

1　発明の対価として会社が支払った金額
2　発明の対価と延滞金を合わせた金額
3　高等裁判所の判決で会社が支払うことになった金額
4　発明者と会社が妥協した発明の対価

質問 ❺　「5％」とあるが、この数字は何ですか。

1　青色発色ダイオード裁判での請求額と実際の和解金の割合
2　誰もが納得できる発明の対価に対する支払額
3　高等裁判所が認めた発明に対する貢献度
4　今後の発明の対価を争う裁判の判決で使用される数字

質問 ❻　この文章で筆者が一番言いたいことは何ですか。

1　発明の対価が低すぎると日本人の技術者が消えてしまう。
2　発明の対価は5％と裁判で確定したので今後裁判は減るはずだ。
3　発明の対価が高すぎるといい会社だと評判になる。
4　発明の対価をどのくらいと見積もることは大変難しい。

- 문장 부호는 단순한 기호가 아니라 문맥을 쉽게 파악할 수 있도록 하기 위한 장치다. 이런 의미에서 쉼표 역시 다양한 뜻을 안고 있으므로 주의해서 본다. 질문 1의 ❶「**発明の対価6億円、遅延損害金を～**」에도 쉼표가 있다. 이 쉼표는 단순히 문장을 앞뒤 두 부분으로 나눠 호흡을 끊어 읽으라는 뜻이 아니라, 「～と」의 의미로 쓰인 것이다.

- □ **前代未聞**ぜんだいみもん 전대미문
- □ **負**お**う** 짊어지다, 지다, 떠맡다
- □ **受**う**け取**と**る** 받아들이다
- □ **覆**くつがえ**す** 뒤집어 엎다
- □ **削**そ**ぐ** 꺾다, 약화시키다
- □ **見積**みつ**もる** 견적하다, 어림하다
- □ **呆**あき**れる** 어이없다
- □ **目安**めやす 기준, 목표, 대중

08

日本が高度成長を成し遂げて経済が好況(こうきょう)だったころ、ビジネス上の必要から日本語ブームが起きたことがある。日本の技術や経営方式を学ぼうと、アジアの人が日本に集まってきた。それ以前の日本語学習者は、日本の文学や日本独特の文化に惹かれて日本語を学習し始めた人がほとんどで、その流れは細々(ほそぼそ)としていた。だから当時、日本語ブームが本物かどうか疑問を持っていたが、やはり日本の経済が下降線を(　①　)につれ日本語熱も下火(したび)になってきた。

しかし経済や景気に影響されない新しい日本語学習者が出現してきた。日本の漫画やアニメに触発されて日本語を勉強したいと考えるようになった若者たちだ。子供の頃から日本のアニメを見て育った彼らが翻訳漫画に飽き足らず、本物を求めるようになったためらしい。海外では漫画は子供向けという認識から抜け出ることができず、大人用は一コマの風刺(ふうし)漫画がほとんどだった。だから日本のように大人の目に耐え得る、レベルの高いストーリー漫画が育つ土壌(どじょう)はほとんどなかった。日本の漫画が若者の心を捉えると日本漫画はブームになり、アメリカでもちょっとした本屋にはMANGAコーナーが設けられ、翻訳本がところ狭しと並ぶようになった。

翻訳本は数が少ないから、(　②　)という心理が働くのは当然だ。日本語ができたらもっと面白い漫画が読めるかもしれない。それが日本語学習の動機になる。また、漫画の中にある日本人の姿や日本人の考え方は小説より理解しやすい。言葉では伝わらない日本の姿を目で簡単に確認できるのが漫画の長所である。漫画にのめり込む若者がそれらに興味を持つのは当然だろう。漫画やアニメがきっかけで日本に興味を持つ若者が出てきたのも自然の流れかもしれない。

日本経済の先行きは(　③　)。農産物はアジアからの輸入に依存しているし、製造業は韓国や中国に追い上げられている。得意だった半導体(はんどうたい)、電子機器分野でも、業績不振の日本企業は少なくない。いっそのこと、国として漫画やアニメに力を入れ、これから日本の戦略的輸出産業に育てたらいいのではないだろうか。それは、日本に興味と好感を持って日本との仕事に積極的に取り組む次世代を育成することになるのではないだろうか。

質問 ❶ 「その流れは細々としていた」とあるが、どういう意味ですか。

1 ビジネスの必要から日本語を学び始めた人が少なかった。
2 日本の技術や経営方式を学ぶために日本語を習う人が少ししかいなかった。
3 日本文学や文化に興味があって日本語を学ぶ人は少数だった。
4 日本の文学や文化を学ぶために日本語を勉強する人が少なくなかった。

質問 ❷ （ ① ）に入れるのに一番よい言葉を選びなさい。

1 下がる
2 従う
3 向かう
4 たどる

質問 ❸ （ ② ）に入れるのに一番よい言葉を選びなさい。

1 日本に行ったら漫画がたくさん読める
2 まだ翻訳されていない漫画を読みたい
3 もっと翻訳本をたくさん出版してもらいたい
4 日本の漫画本をもっと輸入してもらいたい

質問 ❹ （ ③ ）に入れるのに一番よい言葉を選びなさい。

1 漫画やアニメに頼らざるを得なくなるらしい
2 工業を中心にしなければならないらしい
3 あまり明るいとは言えないらしい
4 倒産が増加しているらしい

質問 5 **この文章の内容と合っているのはどれですか。**

1 日本語を学ぶ理由も時代によって変化している。
2 日本語ができる人が増えると漫画の翻訳本はなくなる。
3 アニメがなかったら日本に興味を持つ人はいなかった。
4 日本は漫画やアニメ産業を中心にして不振な産業は止めた方がいい。

質問 6 **新しいタイプの日本語学習者が日本語を学び始めた理由は何ですか。**

1 本屋で売っている漫画本が翻訳本しかなかったから
2 本屋に日本漫画のコーナーができたから
3 日本漫画ブームに乗り遅れたくない人が増えたから
4 もっと面白い漫画を読みたいから

Point 핵심

- 일본어 문장에 자주 등장하는 문형 중에 「~てくる」와 「~ようになる」가 있다. 「~てくる」는 불특정 과거의 한 시점에서 현재에 이르기까지 점차적으로 변화가 있었다는 뜻이다. 우리말로는 해석하기 어려울 때가 많고, 문맥에 따라 '~하기 시작하다'로 해석하기도 한다. 한편 「~ようになる」는 과거 A였던 것이 B로 변화했다는 뜻인데, 「~てくる」보다는 순간적인 느낌이 강하다.

- □ **成なし遂とげる** 이루어 내다
- □ **惹ひかれる** 끌리다
- □ **細々ほそぼそ** 활기가 없는 모양
- □ **本物ほんもの** 진짜
- □ **飽あき足たらず** 성에 차지 않음
- □ **設もうける** 설치하다, 개설하다
- □ **のめり込こむ** 빠지다, 끌려들어 가다
- □ **先行さきゆき** 장래
- □ **追おい上あげる** 맹렬하게 뒤쫓다
- □ **当あたり前まえ** 당연함

09

親が育てられない子どもを匿名で受け入れているのが「赤ちゃんポスト」だ。設備の目的は、望まれない赤ちゃんを殺害と中絶から守ることにある。新生児では外界に対する適応力が弱く、また「捨て子」として何らかの施設前に放置されると生命が危険にさらされるため、これらの危険から守るために設置された。ヨーロッパでは中世から修道院などに存在し、1990年代後半にドイツ南部の町に設置されたのをきっかけに、欧米に広がったという。

日本の場合も、戦後類似したシステムを運営していた機関はいくつかあったが、数年で取りやめになっている。現在の日本の「赤ちゃんポスト」は熊本県熊本市の慈恵病院が市に許可を受け、2007年５月10日から運用を開始し、現在に至る。この「赤ちゃんポスト」は、開閉できる扉を設け、中には新生児の入ったバスケット程度の空間を設け、36℃に温度管理された特製の保育器が置いてある。この中に新生児を入れるとその重さでセンサーが感知し院内にブザーで知らせる。そのブザーとともに助産師らが駆けつけるという仕組みだ。その一方ではポスト内部に捨てに来た親向けにメッセージカードが用意されている。このカードには同ポスト設置施設や児童相談所などの連絡先が記載されており、後々捨てたのを後悔して親であることを名乗り出る際に役立つといった配慮も見られる。

「赤ちゃんポスト」利用は、2010年は前年より３人多い18人。その内訳は、生後１カ月未満の新生児が12人で、生後１カ月から１年未満の乳児が２人、また、当初受け入れを想定していなかった生後１年以上の幼児も４人いた。母親の年齢は判明分で10代が４人、20代と30代が各５人、40代が１人。母親の婚姻状況は婚姻中が７人、未婚７人、離婚１人、不明３人となっている。預けた理由は、複数回答で「生活困窮」と「未婚」が最も多く各７件、ほかに「パートナーの問題」が５件、「不倫」が２件、「世間体・戸籍」、「養育拒否」、「親の反対」などがあげられている。18人のうち３人は預け入れ後、再び保護者に引き取られた。虐待の痕跡などの刑法上問題となるケースはなかった。父母らの居住地は、熊本県内が３人、熊本を除く九州が５人、中国１人、近畿３人、関東３人、不明３人と、全国に及ぶ。

しかし、「赤ちゃんポスト」に対しては、「捨て子」を容認することになる可能性や虐待防止には役に立っていないという意見、また、「障害児」や「不倫の子」など、本来の趣旨から逸脱した利用がされているなど、設置に疑問も持つ人も少なくない。しかし、それ以上に「捨て子」が依然として存在している以上、それらの新生児は早急かつ安全に(　　　　)という意見もあり、道徳と人道の双方の観点からの議論が続いているのが現状だ。

質問 1　(　　　　)に入れるのに一番よい言葉を選びなさい。

1 保護されなければならない
2 保護させなければならない
3 保護するようにする
4 保護にならなければならない

質問 2　「赤ちゃんポスト」の目的は何ですか。

1 家庭崩壊などの犠牲者にならないように問題のある赤ちゃんを隔離する。
2 子供の虐待や家庭放棄を防止するため教育をする。
3 赤ちゃんの養育に悩んでいる母親にメッセージカードを渡す。
4 望まれない赤ちゃんを殺害と中絶から守る。

質問 3　「赤ちゃんポスト」の利用状況で合っているのはどれですか。

1 ほとんどが生後１ヶ月以内の新生児で幼児はいない。
2 新生児の利用が12人と最も多いが、幼児を預ける親もいた。
3 毎年少しずつ利用が増えてきている。
4 幼児の利用は禁止されているが、幼児を預ける人のほうが多い。

質問 4　「赤ちゃんポスト」の反対意見として合っているのは何ですか。

1 捨て子を容認し、育児放棄を増やす危険性がある。
2 不倫の容認する意味になる。
3 本来想定しなかった幼児まであずけられている。
4 全国から九州に来なければならないのは不公平である。

質問 5　赤ちゃんポストの説明として合っているのは何ですか。

1 2007年に世界に先立って九州の慈恵病院が運用を始めた。

2 九州の慈恵病院が市に許可を受け、2007年５月10日から運用を開始した。

3 中世からヨーロッパ各国に赤ちゃんポストが設けられ、2007年に日本にそのシステムを伝えた。

4 ヨーロッパで広まった「赤ちゃんポスト」と日本の「赤ちゃんポスト」は目的が違う。

質問 6　「赤ちゃんポスト」を利用する人はどんな人でしたか。

1 母親は10代が一番多い。

2 母親は20～30代が最も多く、その次が40代だ。

3 居住地は九州が８人で最も多いがそのほか全国に及ぶ。

5 「既婚」と「未婚」が各７人でそのうち「離婚」が半数を占めていた。

핵심 Point

- 「現状だ · 状況だ」 등으로 끝맺는 문장을 잘 읽으면 그래프 이해와 전체적인 논지 파악이 수월하다. 객관적 사실이나 정보를 알리고 밝히는 글은 「そうだ」, 「~という」, 「~によると」, 「現状 · 状況だ」 등의 표현이 자주 등장하는데, 이것들을 잘 살피면 논지가 쉽게 눈에 들어온다.

- □ **虐待**ぎゃくたい 학대
- □ **放棄**ほうき 포기
- □ **匿名**とくめい 익명
- □ **捨て子**すてご 버림받은 아이
- □ **想定**そうてい 상정
- □ **障害児**しょうがいじ 장애아
- □ **趣旨**しゅし 취지
- □ **逸脱**いつだつ 일탈
- □ **依然**いぜん 의연함
- □ **世間体**せけんてい 세상에 대한 체면
- □ **判明**はんめい 판명

10

総人口に占める65歳以上の老年人口が７％以上になった社会を高齢化社会と言う。さらに14％を越えると高齢社会、21％を超えると超高齢社会と呼ばれる。日本は2009年に超高齢社会に入り、高齢化率も世界１位となった。また、「2015年問題」と呼ばれる団塊世代がすべて65歳以上となる「2015年」以降の高齢人口の急増など、その速度もほかの先進国の２～４倍の速度で進行しており、2030年は高齢化率31.8％に、2050年は39.6％、そして2100年は高齢化率40.6％になると言われている。また、2050年には日本の総人口は少子化も伴い、3000万人の減少が予測されている。

生命保険文化センターが行った「生活保障に関する調査」によると、自分の老後生活に「不安感あり」と答えた65歳以上の高齢者の割合は85.8％と８割以上の人が老後生活に対して不安を抱えているという結果が出ている。老後の不安の内容を見ると、「公的年金だけでは不十分」が83.7％と最も高く、以下「日常生活に支障が出る」が49.9％、「自助努力による準備が不足する」が39.5％、「退職金や企業年金があてにならない」が34.8％という結果が出ている。そして、この老後の生活に対する不安度は高齢化とともに年々増加する傾向にある。

では、老後はどのように生活したいと考えているのだろうか。「セカンドライフの過ごし方」については、ゆとりのある生活として「旅行やレジャー」と答えた高齢者の割合が最も高く、以下「趣味や教養」、「身内とのつきあい」と続いている。(　　　　　)、夫婦２人がセカンドライフを送る上で、最低限必要な日常生活費は平均で月25.9万円となったが、余裕ある生活を送ることを考えた場合は平均で月40.5万円だという。一方で、セカンドライフに向けた金銭的な準備をしている人は41.7%にとどまった。こういった理想と現実の差が不安を増長しているといえる。

しかし、現実の高齢化社会の問題は金銭問題だけではない。高齢夫婦がお互いの介護をしている世帯の問題や一人住まいの高齢者の孤独死のような介護の問題、地方の高齢化に伴う地域社会の機能の低下、そして高齢化に伴う社会保障費の増加のための財政確保問題など、超高齢社会は日本の根底を揺るがす問題となっている。

日本政府は、社会保障制度の維持のため、2011年度税制改正を行った。国税で4600億円程度の増収を見込んで各種増税を行ったが、毎年1兆円も社会保障費が増えていくことを考えた場合、増税としてはまったく不十分であり、むしろ高齢者や高齢者を抱える家族の税負担の増加から高齢者の生活不安が増大する恐れもある。誰もが迎える老後の生活の対策は、国の政策に頼らずに、現役時代から準備しておかなければならないようだ。

質問 1 **超高齢社会の説明として合っているのはどれですか。**

1 「2015年問題」が始まる2015以降に超高齢社会になると言われている。
2 2009年から超高齢社会と呼ぶことにした。
3 総人口に占める65歳以上の老年人口が14%以上になった社会をいう。
4 総人口に占める65歳以上の老年人口が21%を超えた場合をいう。

質問 2 **(　　　　)に入れるのに一番よい言葉を選びなさい。**

1 合わせると
2 ちなみに
3 反対に
4 それなりの

質問 3 **超高齢社会の問題の説明として合っているものはどれですか。**

1 高齢者が増えることで子供が生まれなくなる。
2 一人住まいや老夫婦などの介護の問題が増えている。
3 社会保障費が増加して年金が残っていない。
4 子供も年金を払っても社会保障費の予算が足りない。

質問 4 **老後どんなことに不安を持っていると言っていますか。**

1 ゆとりある老後の生活ができないかもしれない。
2 年金や退職金だけでは生活ができないかもしれない。
3 一人になって孤独死を迎えてしまうかもしれない。
4 病気になるかもしれない。

質問 5　政府の税制対策として合っているものはどれですか。

1 税制改革では社会保障費問題を解決することはできない。
2 税制改革で不足している社会保障費問題を解決できる。
3 税制改革は一人暮らしの老人を増やしている。
4 増税で超高齢化を抑制することを期待している。

質問 6　老後のゆとりある生活とはどんな生活ですか。

1 一人暮らしを楽しむ生活
2 いつでも日本をたつことができる生活
3 高齢夫婦が健康にお互いを介護することができる生活
4 旅行や趣味生活などを楽しむだけの金銭的余裕がある生活

핵심 Point

- 일본은 초고령화가 진행되고 있는 국가로, 고독사나 한계 집락 등 고령화 사회의 문제를 나타내는 신조어가 늘어나고 있다. 그런 면에서도 고령화가 심화되고 있다는 점을 엿볼 수 있다.

- □ **深刻**しんこく**さ** 심각함
- □ **身内**みうち 일가, 친척
- □ **増長**ぞうちょう 점점 심해짐
- □ **消滅**しょうめつ 소멸
- □ **根底**こんてい 근저
- □ **揺**ゆ**るがす** 뒤흔들다, 요동시키다
- □ **現役**げんえき 현역
- □ **抑制**よくせい 억제

MEMO

정답 및 해설

PART 1

|정답| 01 3 02 3 03 1 04 4 05 3 06 4 07 3 08 2 09 4 10 3

01

예전에는 초밥이라고 하면 고급 음식이라 서민들은 좀처럼 맛보기 힘들었다. 회전초밥의 등장은 초밥을 단번에 서민의 먹을거리로 만들었다. 이 장치는 오사카의 작은 요리집 주인이 고안했다. 그는 평소 초밥을 싸게 누구나 맘껏 먹을 수 있게 하고 싶다는 생각을 했었다. 어느 날, 맥주 공장에서 컨베이어 벨트에 실린 맥주가 차례차례 이동하는 모습을 보고, 그곳에 초밥을 얹어서 손님에게 건네면 어떨까 하는 생각을 했다. 그렇게 하면 종업원을 줄일 수 있어서 초밥의 가격도 낮출 수 있다. 그래서 이런저런 궁리를 한 끝에 1958년 최초의 회전초밥집이 만들어졌다. 그 후 이런 방식의 가게는 눈 깜짝할 사이 일본 전국에 퍼져, 지금은 저렴한 가격에 부담 없이 초밥을 먹을 수 있게 되었다. 지금은 일본뿐 아니라 외국에서도 회전초밥집을 볼 수 있다. 초밥뿐 아니라 그 나라의 요리나 돈가스, 크로켓, 튀김, 라면 등 없는 게 없다. 일본인이 보면 놀랄 것이다. 하지만 그래도 괜찮다고 생각한다. 더 이상 회전초밥은 일본만의 음식이 아니니까.

질문 **회전초밥에 관한 설명과 맞는 것은 어느 것입니까?**

1 회전초밥집이 생기기 전까지 서민들은 초밥을 전혀 먹을 수 없었다.
2 회전초밥이라는 장치는 초밥집 주인이 생각해냈다.
3 회전초밥이라는 장치는 싼 가격으로 초밥을 팔 목적으로 만들어졌다.
4 해외의 회전초밥집에서 먹을 수 있는 것은 초밥을 비롯한 일본요리뿐이다.

|해설|
❶ ～たらどうか ～하는 게 어떨까, ～하면 어떨까
❷ 値段ねだんを下さげる 가격을 낮추다
❸ あっという間まに 눈 깜짝할 사이에
❹ ～ばかりではない ～(뿐)만이 아니다

02

일본은 남녀 모두 세계 제일의 장수국이다. 장수한다는 건 좋은 일이지만, 단순히 오래 살기만 하면 되는 건 아니다. 건강하면서 생활도 즐겁다면 말할 필요가 없지만, 거동도 못하고 병원이나 노인 시설 또는 자택에서 숨만 붙어 있을 뿐인 인생을 보내고 있는 고령자가 많다. 스스로 걷지 못하면 외출도 자유롭게 할 수 없기 때문에 자연히 활동 범위가 좁아진다. 또 몸을 움직이지 않으면 뇌도 활발하게 움직이지 않아서 치매에 걸릴 가능성도 높아진다.

노인이 장기간 입원을 하게 되면 병은 낫지만 다리와 허리가 약해져 누워서만 지내게 되기 쉽다. 그렇기 때문에 병이 나거나 다쳐서 입원을 해도 가능하면 빨리 재활 치료를 시작해 몸을 움직일 필요가 있다. 그러나 현재는 재활치료 시설이 적고, 또한 같은 병으로 입원을 해도 의사에 따라 방침이 달라 재활 치료를 받을 수 있기도 하고 그렇지 못하기도 한다. 이런 점에서 정부도 누워서만 지내는 환자의 예방과 자립을 위한 재활 치료 실시 체제의 강화, 가사 도우미나 재택 서비스를 충실하게 하는 등 '누워 지내는 환자 제로 작전'을 내세우고 있다. 이 대책이 기대된다.

질문 **이 글의 내용으로 알맞은 것은 무엇입니까?**

1 누워서만 지내게 되면 치매에 걸려 그저 숨만 붙어 있을 뿐인 생활이 된다.
2 누워서만 지내는 것을 막자는 방침을 가진 의사도 있고, 그렇지 않은 의사도 있다.
3 재활 치료 여부에 따라 누워서만 지내는 것을 막을 수 있는 가능성이 높다.
4 재활 치료를 하면 반드시 누워서 지내게 되는 것을 막을 수가 있다.

|해설| ❶ ただ~ればいい 그저(단순히) ~하기만 하면 된다
❷ ~のであれば ~하는 것이라면, ~하기만 한다면
❸ 言いうことはない 말할 필요가 없다
❹ リハビリを受うける 재활 치료를 받다
• 影響えいきょうを受うける 영향을 받다
• 授業じゅぎょうを受うける 수업을 받다
• 試験しけんを受うける 시험을 보다
• 被害ひがいを受うける 피해를 입다
• 非難ひなんを受うける 비난을 받다

03

2011년 1월, 라스베이거스에서 개최된 세계 최대의 가전 쇼에서 스마트 TV가 크게 채택되어, 그 점유율을 (높이고 있다). 일본에서는 소니, 파나소닉, 도시바의 3사가 스마트 TV에 힘을 쏟고 있다.

스마트TV는 방송국이나 인터넷 제공자로부터 송신하는 방송을 보는 것뿐 아니라, 사용자 측에서 조작하여 필요한 영상이나 정보를 이용하거나 표시할 수 있다. 또, 방송을 보면서 비디오 채팅을 하거나 스마트폰 등을 이용하여 텔레비전을 조작할 수 있고, 스마트폰이나 태블릿 단말기로 보고 있던 영상을 텔레비전 화면상에 표시할 수도 있다. 이 외에도 영화 수신 등 다양한 기능을 가지고 있어, 급속한 보급이 기대된다. 현재 스마트 TV시장은 한국이 세계 점유율의 거의 반을 차지하고 있다. 이 시대에 뒤처지지 않기 위해서라도 일본에서도 스마트 TV의 개발에 힘을 쏟아야 할 것이다.

질문 (　　　)에 들어갈 가장 적당한 말을 고르세요.

1 높이고 있다
2 늘리고 있다
3 높아졌다
4 늘어나 있다

04

일본 정부는 입법은 국회가, 행정은 내각이 수행하는 '의원내각제'이다. 총리대신은 국회의원 중에서 선택되어, 정부는 의회의 신임에 의해 존재하는 제도이다. 법안이나 예산안은 의회에서 가결되고 부터 성립된다. '의원내각제'의 특징에는 '해산'과 '내각불신임결의'가 있다. '해산'은 총리대신의 의향에 따라 중의원 의원 전원이 지위를 잃는 제도이고, '내각불신임결의'는 중의원의 가결로 내각을 바꿀 수 있는 것이다. 이런 '의원내각제'의 문제점에는 우선, 내각의 평균 수명을 들 수 있다. 전후의 역대 내각의 평균 수명은 2년 정도라고 한다.

그리고 또 하나의 문제점은 유권자의 선택으로 수상이나 내각이 성립되지 않는다는 것이다. 일본인의 정치에 관한 무관심도 이것이 원인의 하나라고 할 수 있다. 누구나가 선택한 것도 아닌 수상이 계속해서 바뀌고 있다. 이런 정부에 한계를 느끼는 것이 나만은 아닐 것이다.

질문 국회 해산은 어떤 때 합니까?

1 국민이 총리대신을 적당하지 않다고 생각했을 때
2 중의원이 내각불신임결의를 가결했을 때
3 국민이 정부에 불신임결의를 가결했을 때
4 총리대신이 해산을 결정했을 때

|해설| ❶ なんと 어떻게, 어찌
이 글에서는 감탄의 의미로 쓰였다.
❷ ～を割わる (어떤 수량에) 못 미치다, 밑돌다

05

일본의 많은 기업에서 자사가 개발한 기술을 특허 출원하지 않고 비밀로 하는 '블랙박스화'가 진행되고 있다. 다른 회사에서 특허 사용료를 받는 이익과 기술이 다른 회사로 새어나가 결국 자사의 기술력이 떨어질 위험성을 비교해 회사가 후자를 선택하게 된 것이다. 게다가 특허 재판이 일어날 경우에는 많은 돈과 긴 시간이 필요하다. 그것을 꺼려한 것이다. 그러나 블랙박스화로 모든 것이 해결되는 것은 아니다.

중국에서는 기업 외에 대학까지도 일본의 대기업 수준으로 방대한 수의 특허를 내고 있다고 한다. 10년 후에는 중국이 특허 대국이 될 것이라고 한다. 가까운 장래에 오히려 일본이 모방품의 나라라고 비난당하는 사태가 될지도 모른다. 지적 재산을 지키기 위해서는 '특허'와 '블랙박스화'의 전략적인 선택이 요구될 것이다.

질문 **'블랙박스화'가 확산된 이유는 무엇입니까?**

1 특허 사용료보다 재판 비용이 더 비싸기 때문에
2 재판을 해야 하기 때문에
3 기술이 새어나가거나 골치 아픈 재판이 일어날 우려가 발생하기 때문에
4 어렵게 얻은 기술이 전부 도난당해 버리기 때문에

| 해설 | ❶ **秘密**ひみつ**にする** 비밀로 하다
❷ **特許**とっきょ**を出**だ**す** 특허를 내다

06

부조용 '부조금 봉투'의 겉면에 적는 문구는 종교에 따라 다릅니다. 요즘은 아예 인쇄가 되어 나올 때가 많습니다.

*** 겉봉투 쓰기의 종류**

불교식 장례에는 「御香奠」 또는 「御香典」이라고 적습니다. 신도식은 「御玉串料」, 기독교식은 「御花料」입니다. 「御霊前」는 종교에 상관없이 쓸 수 있어 편리합니다.

*** 이름을 적는 위치**

미즈비키 선에서 약간 내려간 중앙에 이름을 쓰고, 뒷면의 왼쪽 끝에 금액과 이름, 주소를 씁니다. 만약 속봉투가 있으면 속봉투의 겉면 중앙에 금액, 뒷면 왼쪽 끝에 주소와 이름을 씁니다. 여러 명의 이름을 쓸 때는 겉에는 3명의 이름까지만 적고, 오른쪽에 손윗사람의 이름을 넣습니다. 여러 명일 때는 '○○일동'과 같이 쓰고, 전원의 주소와 이름을 별지에 써서 접어 넣습니다.

질문 **부조용 '부조금 봉투'의 사용법으로 알맞은 것은 어느 것입니까?**

1 교회 장례식 때 「御玉串料」라고 인쇄된 봉투에 돈을 넣는다.
2 4명이 함께 한 봉투에 돈을 넣을 수 없다.
3 절에서 장례 때 이름과 「御花料」이라는 글자를 쓴다.
4 속봉투가 있을 때와 없을 때의 쓰는 방법을 다르게 한다.

|해설| ❶ A あるいは B A 또는 B
❷ もし~ば 만약 ~하다면, 또는 ~라면

07

최근에는 전화나 메일로 용건을 끝내는 일이 많아졌다고 하지만, 원래는 편지나 엽서를 보내는 것이 정식 매너입니다. 또, 전자 메일을 주고받을 경우에도 편지 쓰는 법을 알아두면 참고할 수 있을 것입니다. 계절 인사를 편지로 보내면 굉장히 좋은 인상을 받을 수 있습니다. 연하장 쓰는 법 정도는 알아 두면 좋겠죠? 그러면 쓰는 법을 설명하겠습니다.

연하장은 우선 처음에 신년 인사를 합니다. 자주 쓰는 말에는 '근하신년', '영춘', '새해 복 많이 받으세요' 등이 있습니다. 그 다음은 '작년에는 굉장히 도움을 주셔서 감사합니다' 같이 작년에 도움 받은 일에 대한 인사를 씁니다. 그리고 마지막에 새해의 교제를 부탁하는 말로서 '올해도 부디 잘 부탁드립니다'라고 씁니다. 날짜는 '元旦'이라고 쓰거나, '○○년 1월 1일'이라고 쓰거나, '헤이세이 ○○년 元旦'이라고 쓰거나 합니다. 쓰는 법은 인터넷 등에도 올려져 있으니 꼭 참고해 주세요.

질문 **편지 쓰는 법은 어째서 중요하다고 합니까?**

1 나이든 사람이 좋아하니까
2 모르면 무시당하니까
3 메일을 쓸 때 참고할 수 있으니까
4 인터넷에 자세히 올려져 있으니까

|해설| ❶ **迎春**げいしゅん 신년을 맞이하는 것. 신년 인사말로 연하장 등에 사용된다.
그 밖에도 연하장에서 쓰는 신년을 축하하는 인사말로 「**賀春**がしゅん」, 「**賀正**がしょう」 등이 있다.

08

외국인 등록은 당신의 주거 관계나 신분 관계를 밝히는 것입니다. 일본에 90일 이상 체류하는 외국인은 아래 사항에 따라 등록이 필요합니다.

※등록 신고의 종류

★ 신규 등록

신고 기간 · 일본 상륙일로부터 90일 이내
· 출생 등의 사유가 발생한 날로부터 60일 이내
신고에 필요한 것 · 여권

	· 사진 2매(16세 미만은 불필요)
	· 출생 수리증명서 등
신고인	· 16세 이상은 본인
	· 16세 미만은 16세 이상의 같은 세대의 친족

★ 주거지 등의 변경 등록

신고 기간	· 변경이 발생한 날로부터 14일 이내
신고에 필요한 것	· 외국인등록증명서
신고인	· 본인(16세 이상) 또는 16세 이상의 같은 세대의 친족

-법무성-

질문 **수속할 수 없는 것은 어느 경우입니까?**

1 아이가 태어났으므로 아버지가 60일째 되는 날에 등록한다.

2 3월 1일에 일본에 와서 3개월 후에 취직이 되어 등록한다.

3 이사를 했기 때문에 16세의 아이가 본인과 어머니의 것을 등록한다.

4 15살짜리 아이의 신규 등록 시에 사진을 가지고 가지 않는다.

|해설| ❶ **明あきらかにする** 명확히 하다, 명백하게 밝히다

❷ 동사 기본형 · 과거형+~のとおり ~대로

• 言いうとおりにしなさい。 내 말대로 해.

• ほら、私わたしの言いったとおりでしょう。 거 봐, 내가 말한 대로지?

09

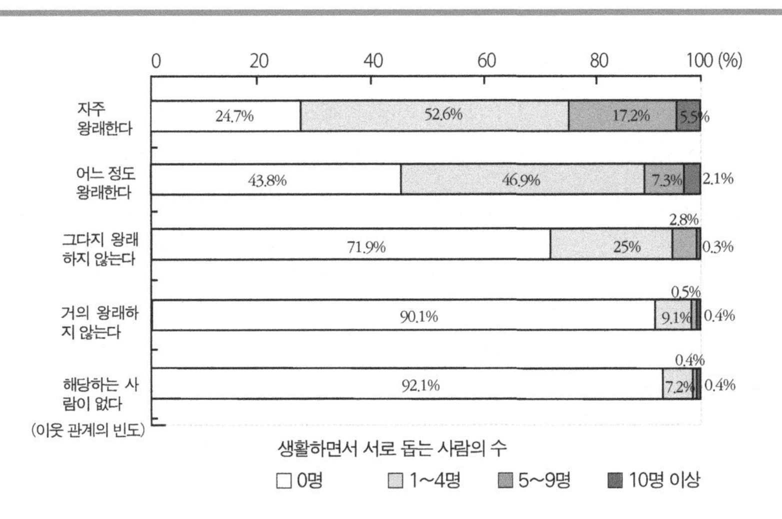

이웃 관계의 빈도와 깊이의 관계

내각부 '국민생활 선호도 조사 중에서

질문 **그래프에서 알 수 있는 것은 무엇입니까?**

1 이웃과 자주 왕래하는 사람은 80% 이상이 생활하면서 서로 돕는 사람을 한 사람 이상 알고 있다.
2 이웃과 어느 정도 왕래하는 사람은 50%가 이웃에 일용품을 빌리거나 한다.
3 이웃과 그다지 왕래하지 않는 사람은 생활하면서 서로 돕는 사람이 전혀 없다.
4 이웃과 거의 왕래하지 않는 사람은 생활하면서 서로 돕는 사람이 하나도 없다는 사람이 90%를 넘었다.

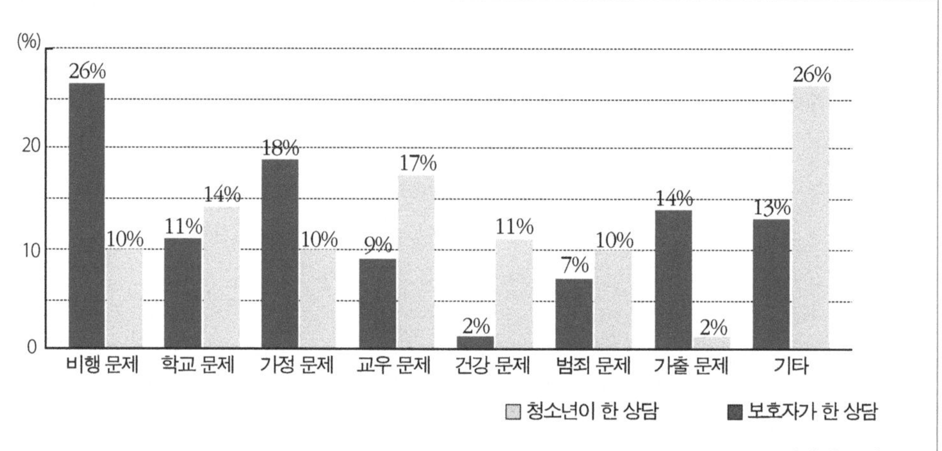

- 경시청 조사 -

그래프에서 알 수 있는 것은 무엇입니까?

1 가출 문제는 청소년 자신의 상담 건수와 보호자의 상담 건수에 가장 차이가 있는 상담 사항이다.
2 가정 문제는 청소년 자신이나 보호자 모두 두 번째로 상담이 많은 사항이다.
3 가장 많은 상담은 청소년의 경우는 기타를 제외하면 교우 관계이지만 보호자의 경우는 비행 문제이다.
4 비행 문제는 보호자로부터의 상담의 경우 청소년 상담의 약 5배나 되는 건수가 있었다.

PART 2

정답									
01-1 2	**01-2** 4	**01-3** 4	**02-1** 1	**02-2** 4	**02-3** 2	**03-1** 4	**03-2** 3	**03-3** 2	**04-1** 4
04-2 4	**04-3** 2	**05-1** 4	**05-2** 2	**05-3** 3	**06-1** 2	**06-2** 4	**06-3** 1	**07-1** 3	**07-2** 4
07-3 1	**08-1** 4	**08-2** 1	**08-3** 2	**09-1** 4	**09-2** 3	**09-3** 2	**10-1** 1	**10-2** 2	**10-3** 4
11-1 3	**11-2** 4	**11-3** 1	**12-1** 3	**12-2** 2	**12-3** 1	**13-1** 1	**13-2** 3	**13-3** 4	**14-1** 3
14-2 4	**14-3** 2	**15-1** 2	**15-2** 4	**15-3** 2					

01

종이가 말을 한다. 꽤 예전에도 녹음할 수 있는 카드가 팔렸지만, 두께가 5밀리미터나 돼서 도저히 종이라고 할 만한 물건은 아니었다. 또 접거나 꺾으면 카드에 내장된 회로가 부서져 버렸다. '오디오 페이퍼'라는 제품은 정말로 말하는 종이라는 느낌이다. 두께는 겨우 0.75밀리미터밖에 되지 않고, 얇은 전지나 마이크, 스피커가 들어 있다. 재료가 유연성이 있어서 접거나 꺾거나 해도 부서지지 않고, 그대로 프린터로 인쇄할 수 있다. (이전)의 오디오 페이퍼는 녹음 시간은 20초 정도이고, 약 50회 정도밖에 재생할 수 없었지만 새로운 시리즈는 약 300~400회의 녹음 재생이 가능하다.

'오디오 페이퍼'는 캐릭터 상품으로서 엽서로 만들거나, 초대장이나 연하장, 예능 스포츠 업계의 사인, 학교 유치원의 졸업 기념 기록 등에 사용되고 있다. 또 전언 보드 타입은 가족을 위한 전언 보드로 사용할 수 있어 그 용도는 아이디어에 따라 사용하기 나름이다. 가격은 1장 980엔인 것부터 1260엔 하는 것까지 있지만, 그 인기에 회사 측은 연간 10만장의 판매, 매상 1억 엔을 노리고 있다.

質問 ❶ **(　　　)에 들어갈 가장 적당한 말을 고르세요.**

1 예
2 이전
3 전자
4 앞으로

質問 ❷ **새로운 오디오 페이퍼의 특징은 무엇입니까?**

1 녹음 시간은 20초로 정해져 있다.
2 두께가 5밀리미터나 된다.
3 얇아서 부서지기 쉽다.
4 300회 이상 녹음할 수 있다.

質問 ❸ **오디오 페이퍼의 설명으로 알맞은 것은 무엇입니까?**

1 재생이 50회였던 것이 100회까지 재생할 수 있게 되었다.
2 전언 보드 타입은 집에서 밖에 쓸 수 없다.
3 인기가 많아서 가격이 비싼 것만 개발되게 되었다.
4 엽서나 연하장으로도 사용된다.

|해설| ❶ ~もある (수치 · 수량 · 무게) ~나 되다
❷ とても~ない 도저히(도무지) ~하지 않다
❸ ~向むけ ~대상, ~용
• 子供向こどもむけ 어린이용 • 女性向じょせいむけ 여성용

02

국토교통성이 인터넷에서 교통 정체를 일으키는 도로 공사 현장이 어딘지 투표를 실시했는데, 여기서 1위로 지명된 공사 현장이 작업 방법을 바꾸면서 정체가 현격히 완화되었다고 합니다.

정체 원인 중 하나는 공사를 하는 시간대였습니다. 도로의 상황을 고려하지 않고 작업 회사의 편의대로만 기계적으로 요일과 시간대를 정하고 있었던 것입니다. 조사 결과 그 현장은 특히 금요일 밤에 교통량이 많다는 것이 밝혀졌습니다. 그래서 금요일 밤을 피해 공사를 했더니 그전까지의 정체가 눈에 띄게 개선되었다고 합니다. 또 하나는 차량의 통행을 차단하는 구간의 위치 문제였습니다. 공사용 구간을 줄이고 동시에 변경해야 하는 차선을 2차선에서 1차선으로 줄임으로써 차량 소통이 원활해졌다고 합니다.

(① 전자의 경우)는 작업 일정이나 공사비 문제도 발생하므로 현장 단계에서 결정하기 어려울지도 모르나 (② 후자의 경우)는 현장의 태만입니다. 공사에 정체는 으레 따르기 마련이라는 식으로 아무런 배려나 대책 마련을 위한 노력도 없었다고 할 수 있습니다. 어느 회사나 정체 1위가 되지 않으려고 앞서 언급한 해결책을 도입하기도 하고 여러 가지로 고심한 결과 지금은 도로 공사에 따른 정체는 크게 줄었다고 합니다.

質問 ❶ **①②에 들어갈 가장 적당한 말을 고르세요.**

1 ① 전자의 경우　② 후자의 경우
2 ① 뒤의 예　② 앞의 예
3 ① 전례　② 그것
4 ① 후자　② 전자

質問 ❷ **투표 결과 어떻게 되었습니까?**

1 공사에 의한 정체가 없어졌다.
2 모든 정체가 완화되었다.
3 현장에서 점점 정체 완화를 위한 대책을 결정할 수 있게 되었다.
4 정체를 배려하는 공사 현장이 나오기 시작했다.

質問 3 이 글의 내용으로 알맞은 것은 무엇입니까?

1 배려나 대책 마련을 위한 노력을 하면 도로 공사가 정체를 유발하는 일은 없다.
2 투표를 실시한 결과 공사가 원인인 정체는 크게 완화되었다.
3 1위로 뽑힌 회사는 궁리를 해서 정체를 줄여야 한다.
4 1위로 뽑히지 않으면 회사는 배려나 대책 마련을 위한 노력을 기울이지 않는다.

|해설|

❶ 渋滞じゅうたいを起おこす (교통) 정체를 유발하다(일으키다)

❷ ~たところ ~했더니
~ているところだ ~하고 있는 중이다
동사의 기본형+ところ (막)~하려던 참이다
~ところではない ~할 상황이 아니다
~ところだった (하마터면)~할 뻔했다

❸ ~ずに ~하지 말고, ~하지 않고

❹ 目めに見みえて 눈에 띄게

❺ 동사의 ます형 + かねる ~하기 어렵다, ~할 수 없다
동사의 ます형 + かねない ~않는다고 할 수 없다, ~할 수도 있다

❻ ~はつきものだ ~은 따르기 마련이다
「もの」는 '당연히(으레 / 대개 / 보통은) ~하기 마련이다'라는 뜻이다.

❼ ~た結果けっか ~한 결과

03

동일본 대지진 뒤에 비상 식품의 매출이 상승했다. 지진 대비 비상 식품으로 건빵은 유명하다. 예전과 비교하여 그 맛도 훨씬 좋아졌다. 그렇다고 해도 겉치레라도 맛있다고는 할 수 없고, 그 딱딱하고 건조한 식감은 어느 쪽이냐면 식사라기보다는 간식이라는 이미지가 강하다. 그런데 같은 비상 식품으로 통조림 빵이라는 것이 있다.

이것은 건빵과는 전혀 다르다. 빵의 종류에 따라 보존 기간이 1년인 것과 2년인 것이 있다. 다양한 종류의 빵이 있는데, 어떤 종류의 것도 캔을 열면 말랑말랑한 갓 구워낸 빵이 나타난다. 먹어봤더니 느낌은 슈퍼 등에서 팔고 있는 빵과 똑같았다. 오히려 제법 맛이 있다. 감격했다. 우리 집도 비상식을 건빵에서 통조림 빵으로 바꿀 생각이다.

왜 통조림 빵을 만들 생각을 했을까? 알아보니 1995년 6,400여명의 사망자를 낸 한신 아와지 대지진 때 어느 빵집에서 트럭 한 대분의 빵을 기부한 것이 시초였다. 그 빵집은 이재민들에게 딱딱한 건빵이 아닌 말랑말랑한 빵을 먹이고 싶다는 생각을 했고 비상식용의 통조림 빵 개발에 착수했다고 한다. 통조림 빵이 성공한 후에는 니가타 지진이나 수마트라 지진 때도 피해 지역에 기부를 했다고 한다. 비상용뿐만 아니라 난민 구제용으로도 적당하니 전세계에서 이용될 날이 멀지 않다.

質問 **1** **건빵에 대해 뭐라고 말하고 있습니까?**

1 통조림 빵에 밀려 팔리지 않게 될 것이다.

2 딱딱하고 건조해서 식사로는 맞지 않는다.

3 비상시용이므로 평소에는 먹으면 안 된다.

4 맛이 없으므로 비상시 이외에는 먹고 싶지 않다.

質問 **2** **통조림 빵의 특징은 무엇입니까?**

1 두 가지 맛의 빵이 있고 보존 기간은 2년이다.

2 슈퍼에서 파는 빵과 달라서 맛이 없다.

3 갓 구워낸 상태로 장기간 보존 가능하다.

4 난민 구제에는 맞지 않았다.

質問 **3** **'빵집'은 무엇을 했습니까?**

1 지진 때는 항상 통조림 빵을 기부해 왔다.

2 이재민에게 맛있는 빵을 먹이고 싶다는 생각을 했다.

3 빵을 통조림으로 만들면 트럭에 더 많이 실을 수 있다고 생각했다.

4 지진이 일어날 때마다 빵을 기부해 왔다.

|해설| ❶ 동사 ます형 + たて 막 ~함, 갓 ~함

• 洗あらいたての服ふく 새로 빤 옷

❷ ~というより ~라고 하기보다는, 오히려

04

아이를 보육원에 보냈을 때의 일이다. 보육료는 수입에 따라 정해지므로 샐러리맨인 우리 집은 그리 부자가 아닌데도 최고 금액을 내야만 했다. 보육원에 매일 벤츠로 아이를 데려오는 사람이 있었다. 우연히 그 아이의 보육료가 무료라는 사실을 알게 되었다. 벤츠로 아이를 데리고 등·하원시키는 사람이 어째서 보육료를 내지 않아도 된단 말인가? ①납득이 되지 않아 석연치 않은 마음을 누를 수가 없었다.

하지만 세금 제도를 생각하면 그런 결과가 나오는 것도 당연하다. 샐러리맨은 수입을 100% 포착당하는 데 반해, 점포를 운영하는 그 집은 적자 경영이라는 이유로 세금을 전혀 내지 않고 있었던 것이다. 일본에서는 세금의 불공평함을 '도고산(10, 5, 3)' 또는 '구로욘(9, 6, 4)'이라는 숫자로 표현한다. 소득 포착률이 샐러리맨은 100%, 사업자는 50%, 농가는 30% 또는 각각 90%, 60%, 40%라는 뜻이다.

개인 소득도 그렇지만 특히 적자 기업 문제도 크다. 기업 전체의 약 70%가 적자라는 것이다. 유명한 대기업인데 소득세를 몇 십 년씩 전혀 내지 않는 회사도 있었다. 경영 따위에는 ②문외한인 내 생각에는 그렇게 적자가 계속되는 사업이라면 그만두는 게 나을 것 같은데, 어떨까? 국가의 빚이 1000조 엔을 넘어 재정이 파탄의 길로 가고 있어, 소비세를 인상하는 안이 검토되고 있다고 한다. 그러나 포착률이 100%라면 충분히 계산이 맞지 않을까?

質問 1 ① '납득이 되지 않아 석연치 않은 마음을 누를 수가 없었다'고 하는데, 어째서입니까?

1 최고액의 보육료를 내야 했기 때문에
2 보육원의 급식이나 간식이 무료이기 때문에
3 벤츠를 타는 부자가 보육원에 아이를 보내고 있기 때문에
4 실제로는 부자인데 보육료를 전혀 내지 않는 사람이 있었기 때문에

質問 2 '도고산', '구로욘'이란 무엇입니까?

1 샐러리맨과 사업자, 농가 중에 소득세를 포착당한 사람과 그렇지 않은 사람의 비율
2 샐러리맨과 사업자, 농가가 포착당한 소득과 실제로 납부된 세금의 비율
3 샐러리맨과 사업자, 농가가 실제로 납부한 세금과 납부해야 할 세금의 비율
4 샐러리맨과 사업자, 농가의 실제 소득과 포착된 소득의 비율

質問 3 ② '문외한인 내 생각에는'이란 무엇에 대한 생각입니까?

1 소득세에 대해서
2 회사 경영에 대해서
3 적자에 대해서
4 빚에 대해서

|해설|
❶ 大たいして～ない 그리(별로) ～하지 않다
❷ ひょんなことから 엉뚱한 일로
「～から」는 이유나 판단의 근거를 나타낸다. 즉 「その子この保育料ほいくりょうがゼロだということを知しった」의 근거를 보여준다. 그러나 「ひょんなこと」의 구체적 정황 기술은 생략되어 있다.
❸ 동사의 ます형 + つつある 계속 ～하고 있는 중이다
일정한 방향이나 경향으로만 상황이 계속 진행 중임을 뜻한다.

05

일본에는 노후 생활의 안정을 위해 연금 제도가 존재한다. 1961년 자영업자나 농림어업 등에 종사하는 사람을 위해 국민연금 제도가 발족했다. 이전부터 기업에서 일하는 사람에게는 후생연금, 공무원에게는 공제연금 제도가 있었다. 이로써 전 국민을 위한 연금이 마련되고, 노후 생활이 어느 정도 보장받게 되었다.

그러나 그것은 착각이었다. 몇 번의 개정을 거친 지금도 앞으로 일어날 문제를 미리 파악하고 해결하는 수준에는 미치지 못하고 있다. 예상을 초월한 고령화 사회가 현실화되었기 때문이다. 연금은 '세대간 부양'이라는 구조를 갖고 있어서 현재 납부되고 있는 보험료는 현재의 고령자에게 지급된다. 때문에 (노동자 수의 감소는) 고령자를 부양하는 인원(연금보험료 납부자)의 저하로 이어진다. 계산에 의하면 1964년생을 분기점으로 젊은 세대는 지불 보험료보다 수급액이 감소하게 된다고 한다. 뿐만 아니라 연금제도 자체가 파탄나지 않을까 우려하는 젊은이도 있다. 특히 국민연금은 40% 가까운 미납자를 떠안고 있다. 연금 불신이 미납이라는 형태로 나타나고 있는 것이다.

연금 제도를 유지하기 위해 다양한 개혁이 추진되고 있지만, 보험료를 올리거나 수급액을 줄일 생각만 하지 말고, 세금의 투입액을 더욱 늘려 연금을 더 매력적인 것으로 만들지 않으면 연금 제도 이탈은 점점 심해질 것이다.

質問 1 **'그것은 착각이었다'라고 하는데 어떤 뜻입니까?**

1 현재의 연금 수급액이 너무 낮아서 안정된 생활을 할 수 없다는 것은 착각이었다.
2 연금으로 노후를 여유롭게 지낼 수 있게 되리라는 것은 착각이었다.
3 국민 전체가 연금을 받을 수 있게 되리라고 생각한 것은 착각이었다.
4 어느 정도의 연금이 장래도 보장해 주리라는 것은 착각이었다.

質問 2 **(   )에 들어갈 가장 적당한 말을 고르세요.**

1 노동자 수의 증가는
2 노동자 수의 감소는
3 노동자와 수급자의 증감은
4 노동자와 수급자의 감소는

質問 3 **연금에 관한 설명으로 알맞은 것은 어느 것입니까?**

1 연금에는 40% 정도의 미납자가 있다.
2 현재 연금은 보험료만으로 유지되고 있다.
3 현재 제도에서는 납부한 금액조차 지급받지 못하는 사람이 생긴다.
4 미납의 이유는 장래에 연금을 수급 받지 못하게 되기 때문이다.

|해설|
❶ **～に至いたる** ～에 이르다(도달하다)
❷ **予想よそうを超こえる** 예상을 초월하다
❸ **仕組しくみを取とる** 구조를 갖다
❹ **～を抱かかえている** ～을 떠안고 있다
❺ **～離ばなれ** ～에서 멀어짐, ～에서 이탈함

06

웰빙 바람이 분다. 그 때문인지 건강 보조 식품에 의존하는 사람도 많다. 어느 조사에 따르면 '항상 건강 보조 식품을 먹고 있다'가 20.8%, '가끔 먹는다'가 29.4 %로, 절반 정도가 어떤 종류든 건강 보조 식품을 이용하고 있다고 한다. 또 '지금은 먹지 않지만 앞으로는 먹고 싶다'는 사람도 22.8%나 돼서, 잠재적 이용자는 예상 이상으로 많았다.

반면 '무리하게 건강 보조 식품을 먹느니 야채나 과일을 먹어 보충하겠다', '종류가 너무 많아 내게 맞는 것을 고르기가 어렵다', '얼마나 효과가 있을지 의문이다' 등 26.9%가 '앞으로도 건강 보조 식품을 먹지 않겠다' 라는 의견이었다. 실제로 먹고 있거나 먹고 싶다고 답한 사람들의 고민을 보면, 남성의 경우 '매일 반복되는 업무에 의한 만성피로', '눈이 쉽게 피로해진다'를 들었다. 한편 여성의 고민은 '어깨 뭉침 · 심한 요통' 등 혈액 순환 장애에서 기인하는 병증, 체형, 거친 피부, 기미 등이었다.

건강 보조 식품은 어디까지나 '영양적 균형을 위한 보조 식품'이므로, 균형 잡힌 식생활을 하도록 노력하고 그래도 부족할 때 사용하는 것이 기본이다. 또 과잉 섭취하면 병을 유발하는 비타민 A, 미네랄 등에는 주의가 필요하다. 또한 천연 성분과 합성 성분의 기능이 꼭 동일하다고는 할 수 없으므로, 몸속에서 흡수율이 떨어질 가능성도 있다.

게다가 건강 보조 식품에는 대개 첨가물이 들어간다. 정제에는 재료를 굳히기 위한 물질이나 일정 크기로 하기 위해 부족한 분량을 채워 넣을 물질, 혹은 재료가 틀에 붙는 것을 막는 물질, 정제를 습기나 산화로부터 보호하고 먹기 좋게 하는 물질 등이 사용된다. 드링크제에는 보존료, 착색료, 향료, 감미료 등이 첨가 되는 경우가 많다. 이런 점에서 건강 보조 식품을 (①사용한다면) 먼저 식생활을 다시 살펴보고 (②최소한 필요한) 보조 식품을 (③적절한 양을 사용하는) 것이 현명한 사용 방법이라는 생각이 든다.

質問 ❶ **①②③ 에 들어갈 가장 적당한 말을 고르세요.**

1	①사용하기 전에	②불가결한	③적당히 사용하는
2	①사용한다면	②최소한 필요한	③적절한 양을 사용하는
3	①사용할 때는	②최대 필요한	③섭취하지 않는
4	①사용하기 전에	②필요한 만큼	③선택하는

質問 ❷ **약 4분의 1의 사람들은 건강 보조 식품에 대해 어떻게 생각하고 있습니까?**

1 만성적으로 피로해 있으므로 앞으로 먹고 싶다.
2 건강하므로 먹을 필요가 없다.
3 자신에게 맞는 것이 있으면 먹는다.
4 앞으로도 음식으로 보충할 것이므로 필요 없다.

質問 **3** **필자는 건강 보조 식품의 문제점이 무엇이라고 말합니까?**

1 사용 방법이 잘못되면 오히려 몸에 해롭다.
2 건강 보조 식품에 의존하면 식사를 소홀히 하게 된다.
3 건강 보조 식품에는 유해한 물질이 포함되어 있다.
4 정말로 효과가 있는지 어떤지 알 수 없다.

|해설| ❶ **~に頼たよる** ~에 의존하다, ~에 기대다
❷ **~に合あう** ~와 맞다
• **気きが合あう** 마음이 맞다
• **馬うまが合あう** 죽이 맞다
❸ **必かならずしも~とは限かぎらず** 꼭 ~라고는 할 수 없다 (= 必かならずしも~とは限かぎらない)

07

외국에서 본 일본 요리는 '스시', '덴푸라' 등이 대표적일지도 모른다. 또 오코노미야키 등도 일본 요리로 유명하다. 그러나 덴푸라는 원래 외래어로, 일본 요리가 아니다. 오코노미야키도 그 기원은 일본이지만 전쟁 전에는 양식 야키라고 불렸던 것처럼 일본 음식은 아니었다. 그럼 정말 일본 요리는 무엇일까? 일본 요리의 특징은 (한마디)로 말하면 소재와 그 신선함이다. 일본 요리의 재료는 곡물이나 야채, 콩, 어패류 같은 것이 많이 사용되고, 유제품은 거의 사용하지 않는다. 그리고 조미는 다시마를 기본으로 하는 국물이 기본으로, 풍미가 강한 향신료 등의 사용이 적은 것을 들 수 있다. 그리고 조리에 있어서는 소재를 자르는 것이 주고, 익히는 것은 보조적인 것이 전통적인 일본 요리의 특징이라고 할 수 있다. 생선회 등이 그 대표적인 예이다.

그러나 일본 요리라고 해도 지방에 따라 차이가 있다. 일본 요리를 지역별로 크게 나누면, 도쿄를 중심으로 한 '간토 요리'와 오사카를 중심으로 한 '간사이 요리'로 나뉜다. 우동을 예로 들면 간토의 우동 국물은 색이 강하고 맛도 소금기가 강하고, 간사이의 우동 국물은 투명하다. 간토는 가쓰오 국물을 베이스로 간장을 많이 사용하지만, 간사이는 육수를 베이스로 한 요리가 많아 달고 맛이 연하다. 컵 우동 등의 제품도 간토와 간사이는 다르다고 한다. 또 정월 요리에 쓰는 떡의 모양도 다르다. 간토의 떡은 네모이고, 간사이의 떡은 동그란 떡이다. 같은 일본 요리라도 다양한 차이가 있어 흥미롭다.

質問 **1** **(　　　)에 들어갈 가장 적당한 말을 고르세요.**

1 기본
2 하나
3 한마디
4 본래

質問 **2** **일본 요리의 특징은 무엇이라고 합니까?**

1 다시마 육수
2 다양한 유제품
3 단맛이 강한 우동
4 소재와 신선함

質問 **3** **간토와 간사이 요리는 어떻게 다릅니까?**

1 간사이 요리는 육수로, 간토 요리는 가쓰오 국물과 간장으로 맛을 낸다.
2 간사이는 가쓰오 국물을 사용하지만 간토에서는 먹지 않는다.
3 간사이의 우동은 국물 색이 진하고 간토의 우동은 국물이 투명하다.
4 간사이의 우동은 맛있고 간토의 우동은 맛없다.

08

일본은 옛날부터 수없이 큰 지진을 겪으면서 많은 역사적 건축물을 잃었습니다. 그래서 세계 최고의 목조 건축물이 지금으로부터 1400년 전인 서력 600년경에 건축된 일본의 호류지라는 사실을 알고 놀라는 사람이 적지 않습니다. 여러 차례 지진을 겪으면서도 많은 삼층탑, 오층탑이 일본 각지에 남아 있습니다. 물론 유서 깊은 목조 건축물이 무수히 소실된 것도 사실이지만, 그 원인은 지진 때문이 아니라 이후의 화재 때문인 경우가 많다고 합니다.

목조 건축임에도 불구하고, 어째서 오층탑과 같은 높이의 건물이 무너지지 않고 남아 있었을까요? 비밀은 건물의 구조에 있다고 합니다. 탑은 지진 때 1층 부분이 오른쪽이면 2층은 왼쪽으로, 3층은 다시 오른쪽으로, 이렇게 뱀처럼 몸을 비틀며 지진과 함께 흔들린다고 합니다. 뿐만 아니라 중앙의 기둥이 진자와 같은 역할을 하여 진동을 억제합니다. 나무와 나무의 접합 부분에도 여유가 있어서 진동을 흡수합니다. 오층탑은 지진을 밀어내지 않고, 지진의 힘을 건물 전체로 받아들임으로써 무너지는 사태를 모면하는 것입니다.

근대 건축은 높은 빌딩을 지을 때 지진에 대비하기 위해 콘크리트에 철근이나 철골을 넣어, 흔들리지 않도록 하여 건물을 지키려고 했습니다. 그런데 최근의 고층 빌딩은 그 반대로 지진의 진동에 역행하지 않고 지진의 힘을 받아들이고 분산하여, 적당히 함께 흔들리는 구조로 바꿔서 빌딩의 붕괴를 막고 있습니다. 오층탑의 지혜를 적용하고 있는 것입니다.

質問 1 호류지가 세계 최고의 목조 건축물이라는 사실을 알고 놀라는 이유는 무엇입니까?

1 호류지가 오래된 건물인데도 훌륭하기 때문에
2 그렇게 오랜 옛날 일본에 호류지와 같은 건물을 만드는 기술이 있었기 때문에
3 다른 건조물이 지진으로 소실되었는데도 호류지만이 남아 있기 때문에
4 일본은 지진이 많아서 여러 차례 지진을 경험했을 텐데도 무너지지 않았기 때문에

質問 2 오층탑이 쓰러지지 않는 이유는 무엇입니까?

1 지진에 역행하지 않고 힘이 일부에만 쏠리는 것을 막는 구조이기 때문에
2 뱀처럼 구불구불하여 지진 시의 진동을 없애는 구조이기 때문에
3 중앙에 진자가 있어서 진동을 억제하며, 전체가 흔들리는 구조이기 때문에
4 나무와 나무의 연결부가 단단히 고정되어 있는 구조이기 때문에

質問 3 이 글의 내용으로 알맞은 것은 무엇입니까?

1 최근의 고층 빌딩은 오층탑의 기술을 그대로 이용하여 지어지고 있다.
2 지진 때 오층탑은 격층으로 같은 방향으로 흔들린다.
3 역사적 건조물이 소실된 이유는 지진이 일어났기 때문이다.
4 최근의 빌딩은 지진 때 각층마다 흔들리는 방향이 다르다.

|해설| ❶ ～ともなく (딱히)~할 것도 없이, 확실히 ~라는 것은 아니고
❷ ～に遭あう 어떤 일을 겪다(당하다)
❸ ～ながらも ~하면서도
'~하면서'의 뜻도 있지만, 여기서는 「ながらも(~하면서도)」의 의미로 쓰였다.
❹ ～にもかかわらず ~임에도 불구하고
❺ ゆとりがある 여유가 있다
❻ ～ないように ~하지 않도록
「～ように」는 '목적 · 희망'따위를 나타낸다.

09

스모의 역사는 일본의 역사와 함께했다. 국내는 물론 해외까지 팬을 가진 일본을 대표하는 하나의 문화라고 할 수 있는 존재이다. 스모는 '일본의 국기'로서 법에 의한 규정은 없지만 일본의 전통문화를 대표하는 국기인 것은 틀림없다.

스모의 매력은 우선 무차별 격투기라는 점에 있다. 작은 스모 선수가 그 기량과 기백으로 커다란 선수를 던지는 점에 큰 매력을 느끼는 것이다. 또 스모는 룰이 단순해서 씨름판 밖으로 나가거나 무릎 위가 땅에 닿으면 패배한다. 그 때문에 승부는 거의 한순간에 결정된다. 즉 한판 승부라는 것도 매력의 하나다. 그리고 전통을 중시하는 그 운영 방법도 매력의 하나라고 할 수 있다. 다른 경기에서 말하는 주심에 상당하는 행사의 복장, 말, 움직임, 그리고 시합의 운영 방식이나 선수의 머

리 모양이나 복장, 이 모든 것이 몇 십 년, 몇 백 년이나 지켜져 온 것이다.

그 스모가 시합 전에 상의해서 승패를 정해 두는 승부 조작 문제로 크게 흔들렸다. 스모의 승부 조작 문제는 이전부터 말이 있었지만 이번처럼 많은 선수와 관계자가 처벌된 것은 처음이다. 그러나 그것은 일부 스모 선수이고 '가칭코 선수'로서 요코즈나까지 올라간 선수도 있다. 승부조작 문제로 이제까지의 스모의 역사나 단련된 거대한 신체가 부딪치는 긴박한 순간을 잃는 것은 너무나 안타깝다. 이제부터 스모 업계가 다시 일어서서 신뢰를 회복해 줄 것을 기도할 뿐이다.

質問 ❶ **스모에 대한 설명으로 알맞은 것은 무엇입니까?**

1 일본 외에서는 인기가 없다.
2 법으로 정해진 일본의 국기이다.
3 국기가 아니라 아는 사람이 얼마 없다.
4 스모의 복장이나 시합의 룰은 몇 백 년이나 이어져 온 것이다.

質問 ❷ **스모의 매력은 무엇입니까?**

1 다양한 나라의 선수가 참가한다.
2 체중별로 경기가 있어서 다양한 시합을 볼 수 있다.
3 룰이 단순해서 승부가 한판 승부이다.
4 매년 새로운 규칙을 만들어 시합한다.

質問 ❸ **스모 업계에 어떤 문제가 일어났다고 합니까?**

1 모든 시합의 승부가 정해져 있다.
2 승부 조작 문제가 발각되어 많은 관계자가 처벌되었다.
3 한판 승부를 볼 수 없게 되었다.
4 젊은 선수의 복장이 문제가 되었다.

|해설| ❶ **横綱**よこづな「**横綱力士**よこづなりきし」의 줄임말로 최고위의 스모 선수를 이른다. 비유적으로 최고의 지위에 있는 사람이나 어떤 분야의 일인자를 가리키는 말로 사용되고 있다.

10

문을 열려다가 찌릿하거나 또는 찌르르 하고 손에 정전기가 생길 때가 있습니다. 몸에 쌓여 있던 정전기가 문손잡이를 잡기 직전에 공기 중을 통과해 순간적으로 손으로 흐르기 때문입니다. 스웨터 등을 벗거나 할 때도 찌르르 하고 정전기가 튀는 소리가 납니다. 일본은 겨울에 공기가 건조하기 때문에 이런 현상이 자주 일어납니다. 이것은 공중의 수분과 관계가 있어서, 공기가 습한 여름에는 공중의 수분을 통해 정전기가 공기 중으로 흘러나가 몸에 쌓이지 않습니다.

일 년 내내 정전기가 생기는 사람이 있는가 하면, (반대로) 정전기라고는 모르고 사는 사람도 있습니다. 옷을 벗어 몸에 축적된 전기의 양을 조사했더니, 1000볼트 정도밖에 없는 사람도 있고, 1300볼트나 되는 사람도 있었다고 합니다. 왜 이렇게 다르냐면 입고 있는 의복이 다르기 때문이라고 합니다. 움직이면 옷끼리 마찰해 정전기가 발생하는데, 어떤 옷을 어떻게 입느냐에 따라 발생하는 전기의 양이 다르다고 합니다.

소재가 '떨어져 있을수록' 정전기가 일어나기 쉽다고 합니다. 울 · 나일론 · 레이온 · 몸 · 면 · 가죽 · 실크 · 폴리에스테르 · 아크릴 순입니다. 따라서 울과 아크릴로 된 옷을 입으면 가장 정전기가 잘 나고, 서로 이웃한 섬유의 경우 거의 정전기는 발생하지 하지 않는다는 것입니다. 정전기에서 해방되고 싶은 사람은 어떤 옷을 입느냐 에도 신경을 쓰는 게 좋을 듯합니다.

質問 ❶ (　　　)에 들어갈 가장 적당한 말을 고르세요.

1 반대로
2 반면에
3 대극에
4 대조되게

質問 ❷ 가장 정전기가 쌓이기 어려운 조합은 무엇입니까?

1 울과 레이온
2 면과 가죽
3 아크릴과 실크
4 레이온과 면

質問 ❸ 이 글의 내용으로 알맞은 것은 무엇입니까?

1 옷을 벗을 때 정전기가 흐르는 것은 방의 온도가 낮기 때문이다.
2 정전기가 쌓여 있는 사람은 문에 닿을 때마다 전기가 흐른다.
3 정전기가 흐를지 어떨지는 방의 전기제품의 수에 따라 다르다.
4 정전기가 쌓이기 쉬운지 어떤지는 공기 중의 수분의 영향을 받는다.

|해설|
❶ 静電気せいでんきが走はしる 정전기가 일어나다
❷ ~知しらず ~을 잘 모름
・世間せけん知しらず 세상 물정을 모름
・怖こわいもの知しらず 무서운 걸 모름
・礼儀れいぎ知しらず 예의를 모름
❸ ~を通つうじて ~을 통해서

11

한류 붐이 새로운 국면을 맞이하고 있다. 이제까지 중노년 여성을 중심으로 한 배용준씨를 대표로 하는 남성 한류 스타 인기에 더해 '신한류'라고 불리는 여성 K-pop 그룹 '카라', '소녀시대' 그리고 '동방신기'나 '빅뱅' 등 남성 K-pop 그룹이 일본 데뷔를 달성했다. 이들 새로운 한류 아이템은 젊은 여성, 남성 그리고 중년 남성 등 새로운 열광적인 팬 층을 만들고 있다. 또 이 전개는 아시아를 넘어 미국, 유럽, 중남미 등 확산되어 규모가 확대되고 있다.

이렇게 국적과 언어가 다른 사람들이 K-pop에 열광하는 것은 가창력과 댄스, 언어 실력, 질 높은 음악, 세련된 용모 등을 갖춘 '잘 만들어진 콘텐츠'가 기본이 되었다는 것이 지배적인 견해다. 그리고 인터넷과 스마트폰 등의 보급에 의해 YouTube 등에 공개된 뮤직비디오나 각종 방송 출연 영상을 통해 해외 진출 전부터 현지의 많은 팬을 확보하게 되었다고 말할 수 있다.

조사에 의하면 작년에 한국에서 수출된 텔레비전 드라마 등의 방송 콘텐츠는 총액이 전년비 1.9% 상승한 약 154억 엔에 이른다고 한다. 한국의 계획적이고 조직적인 신한류 붐의 성공은 한국 경제의 세계 진출의 모습이라고도 할 수 있다.

質問 **1** **새로운 한류와 이제까지의 한류의 차이는 무엇입니까?**

1 드라마보다 K-pop 쪽이 인기가 많아졌다.
2 신오오쿠보에서 야키니쿠 가게에 많은 여성이 방문하게 되었다.
3 지금까지는 중노년 여성 중심이었지만 새로운 팬 층이 나타났다.
4 중노년 여성은 한류 붐이 없어졌다.

質問 **2** **K-pop의 인기의 원동력은 무엇입니까?**

1 젊은 가수의 데뷔
2 젊은 여성이나 남성, 중년 남성 등 새로운 팬 층
3 한국에서 수출된 텔레비전 드라마
4 가창력이나 댄스, 언어 실력이나 용모 등 좋은 콘텐츠

質問 **3** **한류 붐에 영향을 주고 있는 것은 무엇입니까?**

1 인터넷이나 스마트폰 등 디지털미디어 환경
2 세계 각국의 K-pop 팬들
3 한국 정부
4 한국 경제의 세계 진출

12

최근에는 국제결혼이 많아서 한국인과 일본인 커플도 해마다 늘고 있다. 그러나 비슷한 듯해도 다른 것이 한국과 일본의 결혼식이다. 장래를 위해서도 그 차이를 알아 두는 것이 필요할 것 같다.

일본에서는 혼약의 의미로 「結納」라는 의식을 치른다. 남성의 가족이 여성의 집에 '따님을 주십시오' 라고 부탁하는 의식이다. 다양한 물건을 가지고 가는 것은 똑같지만 한국처럼 친구가 참가하는 일은 없다. 다음으로 결혼식에 대해 설명하고 싶다. 일본에서는 기독교인이 아니라도 교회식을 선택하거나, 결혼식을 하지 않고 피로연만 하는 등 본인 생각대로이다. 결혼식장에는 가짜 신부님을 준비한다든지, 종교라기보다는 패션으로서의 선택이라고 할 수 있다. 피로연은 2시간 정도 걸린다. 친구 대표의 인사, 직장 상사의 인사 등, 하여튼 길다. 이 사이에 신랑 신부는 의상을 2, 3회 갈아입고 손님에게 아름다움을 선보인다.

초대 손님이 된 경우에는 몇 가지를 주의해야 한다. 우선 가장 신경 써야 할 것은 결혼식에는 초대된 사람만 출석할 수 있다는 것이다. 초대된다는 것은 아주 의미 있는 것으로, 결혼식에는 어느 정도 갖춰진 정장을 입고 가는 것이 매너이다. (당연히), 결혼식 당일에 특별한 이유도 없이 가지 않거나 초대되지 않았는데 가거나 하는 것은 아주 실례가 된다. 다음으로 주의해야 할 것은 축하 선물이다. 회장의 접수처에서 봉투에 넣은 축의금을 건네는데, 금액은 친구라면 3만 엔 정도로 굉장히 고액이다. 봉투도 결혼식용의 화려한 봉투에 넣어야 한다. 한 달에 결혼식이 2, 3번 있으면 그 경비는 상당히 크다. 마지막은 신랑 신부에게 인사하면서 초대 손님은 한꺼번에 돌아간다. 용무가 있어도 도중에 자리를 뜨거나 하는 것은 실례이다.

質問 ❶ (　　　)에 들어갈 가장 적당한 말을 고르세요.

1 그러나
2 하지만
3 당연히
4 다만

質問 ❷ 일본 결혼식의 특징은 무엇입니까?

1 교회에서 해야 한다.
2 친구 대표 등이 인사를 한다.
3 신부 옷이 하얀 기모노로 정해져 있다.
4 축의금을 많이 내지 않으면 갈 수 없다.

質問 ❸ 이 글의 내용으로 알맞은 것은 무엇입니까?

1 축의금 봉투는 정해진 것을 사용해야 한다.
2 결혼식에서는 몇 번이고 옷을 갈아입어야 한다.
3 초대되지 않은 사람도 결혼식에 참가할 수 있다.
4 결혼식 도중에 자리를 뜨는 일도 있다.

13

장례식이라고 하면 옛날부터 돈이 많이 드는 일이었다. 그런데 2000년쯤부터 시신을 화장하는 것 외에 아무 의식 절차도 없는 '직장(直葬)'을 선택하는 사람이 계속 늘고 있다. 어느 장의사에서는 그 비율이 40%에 이른다고 한다. 예전부터 100만 엔 이상의 돈을 사찰에 냈다거나, 장례식의 제단 비용이 최저급에서 최상급까지 있어서, 최소한 남들 하는 만큼은 해 주고 싶은 유족의 마음을 상술에 이용하는 게 아니냐는 목소리도 있었다. 그랬던 것이 '직장(直葬)'으로 하게 되면 그 10%나 20%의 금액만으로 전부 해결된다.

'직장(直葬)'이 증가하는 원인은 불황 탓도 있을 것이다. 하지만 돈 문제만은 아니다. 아무리 돈이 없어도 극단적인 경우 빚을 내서라도 장례식은 치렀다. 장례는 죽은 이를 위한 것도 있지만, 동시에 남겨진 사람을 위한 것이기도 하기 때문이다. 종교적인 면도 있지만 인간관계의 면도 중요한 것이다.

예전에는 사원의 집안에 장례식이 있다고 하면 회사에서 돌봐주는 일이 적지 않았다. 그러나 지금은 회사들도 사원의 개인적인 일에는 관여하지 않게 되었다. 아주 친한 사람이나 친지들만 모여 치르는 '가족장'이 인기인 것을 봐도 죽음이 개인의 일이 되고 죽음을 애도하는 방법도 다양해졌음을 알 수 있다. 앞으로도 (이 경향은 바뀌지 않을 것이다).

質問 **1** **(　　　)에 들어갈 가장 적당한 말을 고르세요.**

1 이 경향은 바뀌지 않을 것이다
2 장의사는 망할 것이다
3 대부분이 직장이 될 것이다
4 가족장이 인기 1위를 차지할 것이다

質問 **2** **'직장(直葬)'이란 무엇입니까?**

1 돈을 들이지 않기 위한 장례 방식
2 죽은 사람을 바로 묘지에 장사를 지내는 방식
3 화장만으로 끝내는 방식
4 친한 사람만으로 장례를 치르는 방식

質問 **3** **장례식은 어떻게 달라지기 시작했습니까?**

1 예전에는 돈이 들었지만 지금은 돈이 들지 않게 되었다.
2 예전에는 회사장의 습관이 있었는데, 지금은 회사 사람은 도와주지 않는다.
3 예전에는 빚을 내서라도 일반적인 장례를 치렀지만, 지금은 돈이 없는 사람은 직장을 한다.
4 예전에는 많은 사람들이 모여서 장례를 치르는 것이 일반적이었는데 지금은 다양하다.

|해설| ❶ ~と(に)決きまっている 으레(당연히)~로 되어 있다, ~하는 게 당연하다
❷ ~に上のぼる ~정도(수준)까지에 이르다
❸ 並なみにする 보통 수준으로 하다
❹ 逆手さかてに取とる 상대를 역이용하다
❺ 面倒めんどうをみる 돌보다, 살펴주다

14

이과를 싫어하는 아이들이 많다고 한다. 그러나 이런 실험을 직접 해 보면 싫어하던 이과도 좋아하게 될 것임이 틀림없다. 모든 사람들에게 과학의 즐거움을 체험하게 하는 과학 교실이 각지에서 열리고 있다.

예를 들면, 물질은 '전자'라고 하는 마이너스 전기를 띤 입자를 많이 가지고 있다. 물건과 물건을 마찰하면 한쪽의 전자가 다른 한쪽으로 옮겨가 전자를 빼앗은 쪽은 마이너스, 잃은 쪽은 플러스 전기를 띤다. 이것이 정전기다. 누구나가 어린 시절 플라스틱 책받침을 머리에 문지른 후 들어 올려 머리카락이 거꾸로 서게 만든 경험이 있을 것이다. 책받침이 마이너스, 머리카락이 플러스가 되어 서로 끌어당기는 것이라고 한다.

정전기 실험을 좀 더 재미있게 하는 방법이 있다. 비닐봉지를 가늘고 길게 잘라서 끈을 20가닥 정도 만들고, 한쪽을 셀로판테이프로 묶는다. 이 끈을 화장지로 여러 번 마찰시키면, 끈이 한 가닥씩 마이너스 전기를 띠어 서로 반발하며 퍼져 나간다. 이것을 화장지로 문지른 아크릴제 파이프 위에 올려 놓으려고 하면, 비닐은 공중으로 뜬다. 파이프도 (마이너스 전기를 띠었기 때문에), 비닐 끈과 서로 반발하는 것이다. 사용하는 물건을 바꾸어 풍선 따위로 실험을 하면 색깔도 예뻐서 아이들이 더 좋아할 것이다.

또 과학 교실에 모인 사람 모두가 손을 잡고 전기가 전체의 몸을 통하게 하는 실험 같은 것은 찌릿한 감각과 함께 잊을 수 없는 경험이 될 것이다. 간단한 원리를 보여주는 방법을 바꾸거나 직접 체험하게 함으로써 아이들뿐만 아니라 어른들의 마음까지 사로잡는다. 그것은 마치 또 하나의 쇼와 같다.

質問  **(　　　)에 들어갈 가장 적당한 말을 고르세요.**

1 플러스 전기가 축적되었기 때문에
2 전기를 잃었기 때문에
3 마이너스 전기를 띠었기 때문에
4 전기가 플러스가 되었기 때문에

質問 ❷ **이 과학 교실의 특징은 무엇입니까?**

1 간단한 실험일 뿐이지만 참가자는 어린 아이들이므로 아주 좋아한다.
2 실험을 보여줄 뿐이지만 어른도 즐거워한다.
3 여기서 하는 실험은 모두 학교에서 할 수 있다.
4 여러 아이디어를 내어 과학을 즐겁게 체험하게 한다.

質問 ❸ **이 글의 내용으로 알맞은 것은 무엇입니까?**

1 과학 교실에서는 책받침으로 머리카락을 들어올리기도 하고, 전기를 몸에 통하게 하기도 한다.
2 마찰시킨 비닐주머니와 파이프 등을 이용해서 비닐주머니나 풍선을 공중에 뜨게 할 수 있다.
3 과학 교실에 참가한 어린이들은 이과 실력이 좋은 아이들뿐이다.
4 비닐과 아크릴 파이프는 마찰하면 같은 전기를 띤다.

|해설|

❶ **電気でんきを帯おびる** 전기를 띠다
❷ **引ひき合あう** 서로 끌다
동사 ます형+合あう 서로 ~하다
• **話はなし合あう** 서로 이야기하다
• **見合みあう** 서로 상대를 보다
• **奪うばい合あう** 서로 빼앗다
• **殴なぐり合あう** 서로 때리다
❸ **~(よ)うとする** ~하려고 하다
❹ **手てを結むすぶ** 손을 잡다
❺ **ピリッとする** 짜릿하다, 찌르르한 느낌이 들다

15

4월 30일 (토) AM 10:00

모델하우스 오픈

안전하고 쾌적한 생활을 선사합니다. 지금이라면 계약금 없이 구입하실 수 있습니다.
신주쿠에서 17분, 다나시역에서 7분 거리의 조용하고 녹지가 많은 주택지에 1000세대 대형 아파트 탄생.

환경 대형 마트와 인접. 그 외 역 앞에 많은 상업 시설. 유치원, 보육원, 초 · 중학교가 도보 5분 거리 이내에 있습니다. 종합 병원 도보 7분, 고가네이 공원도 도보 거리에 있습니다.

안전 24시간 유인 관리. 야간에도 2명의 경비원이 근무. 방범 카메라 설치. 주차장 출입구에 오토 셔터 설치. 방범 대책 도어 채용 (개방 시험에서 5분 이상의 내구성을 실제 증명).

공용 공간	넓은 현관홀은 내방객용 응접세트 다수. 내방객용 침실, 파티 룸, 무비 룸, 어린이용 플레이룸 설비.
설비	니시도쿄시 최초의 완전 전산화 시스템 아파트. 지진 등 만약의 상황에 대비한 안전성 확보
주방	하나시스템키친은 일반적인 키친과 비교해 수납력이 2배. 1.5리터 병이나 맥주 케이스도 간단히 수납 가능합니다. 디스포저가 달려 있어 귀찮은 음식물 쓰레기 처리에서 해방되어, 언제나 주방을 깨끗하고 청결하게 유지할 수 있습니다. IH 쿠킹 히터 채용. 급탕 설비는 야간 전력 사용.
인터넷	IP전화 대응. 전용선 광섬유.
바닥 난방	야간 전력을 이용한 바닥 난방(온돌)으로 전기료 절감.

質問 ❶ **이 광고에서 알 수 있는 것은 무엇입니까?**

1 아파트의 가격과 관리인이 있는 시간
2 어떤 가게가 근처에 있는지와 계약금 문제
3 아파트의 가격과 방의 넓이
4 방범 대책과 아파트의 가격

質問 ❷ **이 아파트의 특징은 무엇입니까?**

1 쓰레기를 버리러 갈 필요가 없다.
2 야간에는 전기를 사용하지 않으므로 전기료를 37% 절약할 수 있다.
3 병원이나 오락시설이 바로 가까이에 있다.
4 안전을 위한 설비가 완비되어 있고 가스를 사용하지 않는다.

質問 ❸ **이 아파트에 대한 설명으로 알맞은 것은 무엇입니까?**

1 주차장은 아직 이용할 수 없다.
2 유치원이 있다.
3 계약금은 필요 없다.
4 다양한 설비가 있어서 요금이 비싸다.

|해설| ❶ お求めになれます
お+ます형+になる ~하시다
• 겸양 표현
お+동사 ます형+する / いたす (내가)~하다, ~해 드리다
❷ ~済ずみ ~가 완료된 상태임, ~가 끝남
• 実証じっしょう済ずみ 실증 완료 • 払はらい済ずみ 지불 완료(완납)

PART 3

정답									
01-1 4	**01-2** 2	**01-3** 3	**01-4** 1	**01-5** 4	**01-6** 3	**02-1** 1	**02-2** 4	**02-3** 2	**02-4** 3
02-5 2	**02-6** 4	**03-1** 3	**03-2** 2	**03-3** 2	**03-4** 4	**03-5** 2	**03-6** 1	**04-1** 2	**04-2** 3
04-3 1	**04-4** 4	**04-5** 3	**04-6** 2	**05-1** 3	**05-2** 2	**05-3** 1	**05-4** 4	**05-5** 3	**05-6** 1
06-1 3	**06-2** 4	**06-3** 1	**06-4** 3	**06-5** 1	**06-6** 2	**07-1** 3	**07-2** 4	**07-3** 1	**07-4** 2
07-5 3	**07-6** 4	**08-1** 3	**08-2** 4	**08-3** 2	**08-4** 3	**08-5** 1	**08-6** 4	**09-1** 1	**09-2** 4
09-3 2	**09-4** 1	**09-5** 2	**09-6** 3	**10-1** 4	**10-2** 2	**10-3** 2	**10-4** 2	**10-5** 1	**10-6** 4

01

로봇은 만화나 애니메이션의 영향 때문인지, 인간처럼 두 발로 보행한다는 이미지가 있다. 사람처럼 움직이고, 사람을 도와주는 착한 이웃 같은 이미지를 받기 때문일 것이다. 그래서 산업용 로봇에서 개인을 돕는 가정용 로봇으로 개발의 초점을 돌리게 된 것도 자연스러운 흐름이었던 것은 아닐까? 'ASIMO'나 'HRP-2' 등 대학이나 기업의 연구소에서 더욱 사람 같은 로봇을 만들기 위한 연구가 진행되고 있다.

그러나 실제로 생활 속에서 활용되고 있는 것은 인간형 로봇이 아니라 인공 지능을 가진 가전들이다. 예를 들면 센서로 더러운 상태나 방의 레이아웃을 감지하여 청소 루트를 스스로 판단하는 청소기 '룸바'는 세계 40개국 이상에서 판매되어, 누계 출하 대수 약 400만 대를 넘는 히트 상품이 되었다. 또 가전뿐 아니라 룸바의 제작 회사 iRobot은 원격 조작으로 움직이는 다목적 작업 로봇 '팩봇'도 개발했다. '팩봇'은 2011년 동일본 대지진에서 원자로 내의 방사선량이나 온도 · 습도를 추정하는 목적으로 도입되어, 일본에서도 일약 유명해졌지만, 그 외에도 폭탄 처리 등 실제로 많은 인명을 구했다.

이런 (실용적인) 로봇뿐 아니라, 순수하게 사람의 마음을 치유하고, 즐겁게 해 주는 엔터테인먼트 로봇의 존재도 간과할 수 없다. 치유형 로봇의 대표인 애견 로봇 'AIBO'의 개발은, 사내에서 맹렬한 반대에 부딪쳤었다고 한다. 확실히 실용적인 개발 프로젝트는 아니다. 말하자면 아무 쓸모가 없을 것 같은 놀이의 세계를 겨냥한 로봇이기 때문이다. 그러나 'AIBO'는 불티나게 팔려나갔다.

또 2005년에 기네스 세계 기록이 공인한 세계에 하나뿐인 치유형 로봇 '파로'도 유명하다. '파로'는 부드러운 하얀 털을 갖고 있는데 그 속에는 과학기술이 가득 채워져 있다. 예를 들면 스펀지 상태의 면적 촉각 센서로 사람이 닿은 장소나 쓰다듬은 방향을 감지하여, 사람이 안아주거나 때리거나 하면 그것을 느끼고 반응한다. 또 청각이 있어, 소리가 나는 방향으로 얼굴을 향하거나 몇 번이고 부르는 이름을 자신의 이름이라고 인식하는 학습 능력도 있다. 무엇보다 개나 고양이처럼 먹이를 주는 등 여러 모로 돌볼 필요가 없다. '파로'를 만지면 스트레스가 줄어든다는 조사 결과가 나왔을 정도이다. 그 때문에 애니멀테라피 이상으로 '로봇 테라피'로 고령자를 위한 시설이나 병원 등에서 도입되고 있다. 기계이지만 기계가 아니다. 진심으로 친구가 되어 주는 로봇이다.

현대는 로봇 없이는 살 수 없는 시대가 되었다. 방에 틀어박힌 사람이 자기를 꼭 닮은 로봇을 대신 외출시키는 미래 사회를 그린 영화나 로봇과 사랑에 빠진다는 영화도 있다. 실제로 몸이 불편한 학생을 위해 대신 수업을 듣는 로봇도 있다. 그렇다면 로봇과 정말로 사랑에 빠져 버리는 시대가 올지도 모른다.

質問 **1** **(　　　)에 들어갈 가장 적당한 말을 고르세요.**

1 가사용의
2 산업용의
3 실제적인
4 실용적인

質問 **2** **'룸바'에 대한 설명으로 알맞은 것은 무엇입니까?**

1 일본에서 개발된 청소기이다.
2 센서로 더러운 상태나 방의 레이아웃을 감지하여 청소 루트를 스스로 판단한다.
3 원격 조작으로 움직이는 다목적 작업 로봇이다.
4 전세계에서 600대 이상의 매출을 올렸다.

質問 **3** **'팩봇'에 대한 설명으로 알맞은 것은 무엇입니까?**

1 사람을 위로해 준다.
2 차를 내 오거나 간단한 가사를 도와준다.
3 원격 조작으로 움직일 수 있어 사람이 못 하는 일을 한다.
4 가정용 로봇이 진화한 것이다.

質問 **4** **'파로'에 대한 설명으로 알맞은 것은 무엇입니까?**

1 학습 능력이 있어 자신의 이름을 기억하여 반응한다.
2 병원에서 일을 할 목적으로 만들었다.
3 노래나 춤으로 사람을 기쁘게 한다.
4 가정용 로봇보다 기술이 고도하다.

質問 **5** **치유형 로봇의 장점은 뭐라고 합니까?**

1 작아서 나르기 쉽다.
2 주인이 시키는 것을 잘 듣는다.
3 밤에도 자지 않고 일할 수 있다.
4 동물처럼 돌볼 필요가 없다.

質問 **6** **이 글에서 필자가 말하고자 하는 것은 무엇입니까?**

1 로봇은 인간 대신 어떤 일이든 해 주는 존재이다.
2 산업용, 가사용, 엔터테인먼트용의 순으로 기술이 고도화되어 있다.
3 로봇은 산업용뿐 아니라 가정용이나 의료에도 폭넓게 사용되고 있다.
4 고령자 중에는 로봇과 사랑에 빠지는 사람도 있다.

|해설| ❶ 目めが向むけられる 「目めを向むける(눈을 돌리다)」의 수동 표현
❷ 동사의 ます형+そうもない ~할 것 같지 않다, ~해 보이지 않다

02

(A) '단카이 버블'이란, 2007년부터 2009년에 결쳐 단카이 세대의 정년퇴직이 절정에 치달아, 방대한 인구가 시장에 참여하여 시장이 활성화된다는 가설이었다. 실제로 60세 이상 세대의 인구는 3900만 명에 달해, 30세 미만 인구를 웃돈다.

(B) '단카이 퇴직 버블이 온다.' 이런 문구를 말하게 된 것은 바로 몇 년 전의 일이다. '단카이'란 원래 광물학 분야에서 한 덩어리 단위로 캐내는 광물로, 그것을 1976년 발표된 〈단카이 세대〉라는 소설 속에서 1947년에서 1949년생, 말하자면 제 1차 베이비 붐 세대를 나타내는 말로서 사용하게 된 것이다.

(C) 그것은 어째서일까? 단카이 세대의 시대는 물건이 없던 전후 시대에 태어나, 일본 경제의 급성장과 함께 성장하여 30~40대에 버블을 경험하는 등 생산 · 소비의 시대라고도 말한다. 그러나 그 반면 전쟁을 경험한 부모에게 태어난 탓인지 보수적인 체질이 강하다. 그렇기 때문에 생산과 소비의 시대를 경험했으면서도 기본적으로 검소한 사람이 많다고 한다. 또 보수적이기 때문에 부모를 (돌봐야) 한다는 부담감이나 아이를 돌봐야 한다는 부담감도 항상 안고 있다. 이런 것들이 단카이 세대가 은퇴한 뒤의 소비에 영향을 줄 것이라고 생각된다.

(D) 그러나 그 기대는 '허사'로 끝났다. 총무성의 가계조사 데이터에 따르면 단카이 세대 은퇴 후의 60대의 1세대당 소비 지출은 퇴직 전과 비교해서 약 6%나 줄었다. 단, 단카이 세대가 합쳐진 것으로 세대주가 60대인 세대 수는 4년 전에 비해 약 10%나 증가했다. 그러니까 이 세대의 소비가 조금이지만 늘었다는 것은 확실하다. 그렇다고는 해도 단카이 세대의 퇴직에 의한 경기 회복의 기대에는 도달하지 않았다.

(E) 그뿐 아니라, 단카이 세대는 '부자'이고 시간도 있다. 실제로 1450조 엔의 전체 개인 금융 자산의 약 60%는 60세 이상이 가지고 있다고 한다. 게다가 정년퇴직 후는 시간적인 여유가 있어 단카이 세대가 제2의 인생을 즐긴다면 경기도 좋아질 거라고 기대되는 것이다.

質問 1 (A)에서 (E)까지의 단락을 올바른 순서대로 정렬하시오.

1 (B)→(A)→(E)→(D)→(C)
2 (A)→(E)→(B)→(D)→(C)
3 (B)→(E)→(D)→(C)→(A)
4 (D)→(E)→(C)→(B)→(A)

質問 2 (　　)에 들어갈 가장 적당한 말을 고르세요.

1 조력
2 도움, 심부름
3 상담
4 돌봄

質問 3 단카이 세대란 어느 때 태어난 사람을 말합니까?

1 1999년부터 2010년 생
2 1947년부터 1949년 생
3 1940년부터 1970년 생
4 1970년부터 1980년 생

質問 4 단카이 버블이란 무엇입니까?

1 단카이 세대의 정년퇴직으로 퇴직금을 받아 부자가 늘어난다는 가설
2 단카이 세대가 다음 베이비 붐을 불러와 인구가 늘어난다는 가설
3 단카이 세대의 정년퇴직으로 방대한 인구가 시장을 활성화한다는 가설
4 단카이 세대의 정년퇴직으로 고령자가 늘어난다는 가설

質問 5 단카이 버블에 대한 기대가 빗나간 이유는 무엇입니까?

1 단카이 세대의 퇴직이 생각보다 많지 않았기 때문에
2 단카이 세대는 보수적이고 절약하는 사람이 많아서 소비가 활성화되지 않았기 때문에
3 퇴직금을 생각보다 받지 못했기 때문에
4 퇴직해도 시간 여유가 없었기 때문에

質問 6 단카이 세대가 보수적이라고 생각되는 것은 어째서입니까?

1 경제 고도성장을 경험했기 때문에
2 버블을 경험했기 때문에
3 자산이 많아서
4 전쟁을 경험한 부모에게 태어났기 때문에

|해설| ❶ ベビーブーム 출생률이 급격하게 증가하는 사회적 경향으로 전후에 주로 나타난다. 일본에서는 1947년부터 1949년까지 출생한 806만 명이 베이비 붐 세대에 속한다.

❷ 働はたらき盛ざかり 한창 일할 때
~盛ざかり 한창 ~할 때
• 血気盛けっきざかり 혈기 왕성할 때 • 花盛はなざかり 꽃이 한창임, 또는 그 계절

03

2007년 후생노동성의 추계에 따르면, 2006년에는 '니트족'이라 불리는 젊은이들이 전국에 62만 명 있고, 아르바이트로 생계를 유지하는 187만 명의 '프리터(취업을 하지 않고 자유롭게 아르바이트나 계약직 일만으로 생활을 하는 사람)'와 함께 사회 문제가 되고 있다. 프리터는 2003년에 217만 명으로 최고치를 달성하고 점차 줄고 있지만, '니트'는 2002년부터 현재까지 거의 변화가 없다.

'니트'란 'Not in Employment, Education or Training'이라는 영어의 약자로 'NEET'라고 쓴다. '취직을 하지 않고, 학교 기관에 소속되지 않고, 취업을 위한 구체적인 활동도 하지 않는' 젊은이들을 가리킨다.

왜 이런 '니트족'이 늘고 있는 걸까? 19세와 23에 '니트'가 많다는 이유에서, 취직을 못한 고교·대학 졸업생들이 취업을 포기해 버렸기 때문이라는 설도 있다. 그러나 그것만으로는 설명이 충분하지 않다는 느낌이다. 사람을 사귀는 데 서투른 젊은이들이 늘고 있는 것과 경제력이 있는 부모에게 기대어 생활할 수 있기 때문에 굳이 회사에 나갈 필요가 없다는 설이 더 납득할 만하다. 옛날에는 학교를 졸업하면 바로 취직을 해야만 생활을 할 수 있었으니 말이다.

'니트족'의 존재는 그렇지 않아도 저출산 경향이 진행되어 가까운 미래에 노동력 부족에 시달려야 할 일본 경제에 큰 영향을 미칠 것으로 보인다. 노동자로서 경제를 담당해야 할 입장의 젊은이들이 오히려 부양가족이 되어 있다. 그들은 일하지 않으니 당연히 사회 보장 보험료를 내지 않기 때문에 국가의 재정도 악화될 뿐이다. 자신을 부양하고 있는 부모가 없어지면 생활 보호 대상자로 국가에 의지하게 될 염려도 있다. (그래서) 정부는 '니트족'이나 프리터를 위해 '청소년 자립·도전 전략 회의'를 설치하여 적극적으로 대처하기로 했다. 지금까지 개인의 문제로만 보고 방관해 왔는데 상황이 이쯤 되자 내버려 둘 수 없게 된 것이다. 일할 의욕을 불러일으켜 자립을 유도하도록 국가가 지원을 하겠다는 뜻이다. 자원봉사, 노동 체험 등을 하게 하여 일할 자신감을 갖게 하고 의욕을 키워, '니트족'에서 벗어나 다음 단계로 진입시키는 것을 목표로 하고 있다. 동시에 경제계에서도 '니트족' 문제를 심각하게 여기고, 직업 교육을 시작할 조짐이다.

현재의 '니트' 세대(20~30대 전반)는 단카이 세대의 맹렬하게 일하는 삶의 방식에 영향을 받았다는 설도 있다. 가정을 희생하고 과로사하는 사람까지 나올 정도로 일하며 일본의 고도성장을

이뤄낸 그들을 기다리고 있었던 건 정리해고였다. 그런 허무한 부모의 인생을 보고 있다가 '니트족'이 되는 건 당연하다는 의견도 있다. 또 '니트족'은 자신이 정말로 원하는 것을 찾기 위해 필요한 시기라는 의견도 있다. 이처럼 다양한 가치관이 존재하는 탓에 단순히 '니트족'은 악이라고 단정 지을 수는 없을 것이다. 물론 사회로 들어가는 입구에서 걸려 넘어진 채, 일할 의욕을 잃고 '니트족'이 된 젊은이들의 재교육은 필요한 정책일 것이다. 하지만 '니트족'을 삶의 한 방법으로서 적극적으로 선택한 젊은이들을 아무리 일을 시키려 한들 무리가 따르는 이야기다. '니트족'은 사회적인 문제인 동시에 지극히 개인적인 문제이기 때문이다.

質問 1 (　　　)에 들어갈 가장 적당한 말을 고르세요.

1 그런데도
2 그러므로
3 그래서
4 그리고

質問 2 '니트족'의 설명으로 알맞은 것은 무엇입니까?

1 19세와 23세의 취업에 실패한 젊은이이다.
2 충분히 생각한 후에 니트족이 된 사람도 있고, 자연스럽게 그렇게 된 사람도 있다.
3 부모가 재산이 있어 평생 일하지 않아도 괜찮다.
4 사람과 사귀는 방법을 교육받지 못한 젊은이들을 말한다.

質問 3 '니트족'이 사회 문제가 된 이유는 무엇입니까?

1 니트는 혼자서는 생활할 수 없는 사람들이기 때문에
2 니트족이 많으면 장래 노동 인구가 더욱더 줄어들기 때문에
3 부모가 죽은 후 일하려고 해 봐야 무리이기 때문에
4 일하지 않는 사람이 많으면 기업 수가 줄기 때문에

質問 4 '니트족'을 용인하는 의견에는 어떤 것이 있습니까?

1 스스로 니트족을 선택했으니 개인의 자유를 뺏으면 안 된다.
2 남성보다 여성이 더 행복한 삶을 살고 있다.
3 국가의 경제문제보다 자신의 생활이 중요하다.
4 자신이 하고 싶은 일을 발견하기 위한 중요한 시기다.

質問 5 이 글에서 필자가 말하고 싶은 것은 무엇입니까?

1 니트족은 난감한 문제지만 그 수가 적으면 문제없다.
2 니트족이 된 원인도 여러 가지여서 재교육을 하는 게 나은 니트족도 있다.
3 니트족도 남녀로 구분해 생각하는 게 해결하기 쉽다.
4 니트족은 사회적으로는 문제지만 개인적으로는 아무 문제도 일으키지 않는다.

質問 6 **이 글의 내용으로 알맞은 것은 어느 것입니까?**

1 니트족 문제를 해결하지 않으면 일본의 경제가 곤란해진다.
2 취직을 못하는 사람은 니트족이 되고 만다.
3 정부는 니트족의 자립을 목적으로 한 기관을 설립했다.
4 니트족을 만들어 낸 책임은 단카이 세대가 져야 한다.

|해설| ❶ **生計**せいけい**を立**た**てる** 생계를 유지하다
❷ **職**しょく**に就**つ**く** 취직을 하다
❸ **~ような気**き**がする** ~인 듯한 느낌(기분 · 생각)이 든다
❹ **ただでさえ** 그렇지 않아도, 가만히 있어도
❺ **手**て**をこまねく** 수수방관하다
❻ **放**ほう**っておく** 내버려 두다, 방치하다
❼ **いくら~(よ)うと…ても** 아무리 ~하려고 …해도

04

일본은 풍요로워져 먹을거리가 넘쳐난다. 그렇다고 건강해졌느냐 하면 결코 그렇지 않다. 오히려 환자가 되기 일보 직전인 사람들이 늘고 있다. 입원할 정도는 아니지만, 이른바 생활습관병(성인병)에 걸린 사람도 많다. 원인은 운동 부족과 불규칙한 식생활에 있다.

현대는 생활이 편리해져서 몸을 움직일 기회가 적다. 이동을 위한 수단이 발달하고 시간에 쫓기는 생활을 하고 있어서 불과 5~6분 거리를 가는데도 자동차를 타고, 엘리베이터나 에스컬레이터가 있으면 주로 그것을 이용하려고 한다. 또 일에서도 책상 앞에만 있는 경우가 많아졌다. 공장에서조차 버튼 조작만으로 모든 일이 끝난다. 옛날에는 딱히 운동을 안 해도 생활 속에서 자연스럽게 몸을 쓸 수 있었다. 기계가 발달하지 않았기 때문에 무엇이든 몸을 직접 써야 했다. 지금은 자신의 몸을 움직이기 위해 체육관을 다니거나 조깅을 하기도 하고 하루 만보 걷기를 하며 (의식해서 운동하지 않으면) 건강을 유지할 수가 없다.

식생활의 문제도 크다. 반찬이나 도시락을 사 와서 집에서 먹는 소위 내식(외식의 상대적 개념)이 늘고 있다. 이 경우는 아무래도 육류가 중심이 되고 야채가 부족해진다. 또 고칼로리, 고단백, 고지방 음식이 많고, 비타민, 미네랄 등 신체 리듬을 조절하는 영양소가 부족하다. 인스턴트 식품도 지방이 많아서 영양이 한쪽으로 편중되고, 더구나 식품 첨가물이 많다. 가정에서 만들어 먹는 경우도 식생활이 서구화되고 있어 육류 중심의 메뉴가 되기 쉽다. 옛날식의 야채 조림 등은 번거롭다는 이유로 멀리하는 경향이 있다. 해외에서는 건강을 위해 일식의 인기가 높다고 하는데, 일본의 식탁은 오히려 서구화되고 있다. 그 결과 암이나 당뇨병, 심장병, 뇌졸중 등의 생활습관병에 걸리는 중년층이 많아지고 있다. 최근에는 젊은 사람들에게도 ①그것이 유행하여 심지어 비만과 당뇨병에 걸린 아이들까지 나타났다.

식품 자체의 문제만이 아니라, 섭취 방법에도 문제가 있다. 결식, 과식, 편식, 다이어트 후유증 등 갖가지 문제가 생기고 있다. 20대 에서는 50%에 가까운 사람들이 주 2~3회 또는 거의 매일 끼니를 거른다고 한다. 특히 아침을 거르는 젊은이들이 20% 이상이나 되어 많은 병을 유발하는 원인이 되고 있다. 성장기에 아침 식사를 걸러 아침부터 멍한 상태로 지내는 아이들도 늘고 있다. ②이것은 단순히 영양 부족만이 아니라, 학력 저하 같은 다른 면에서도 문제를 일으킨다. 또 과식으로 비만이 되기도 하고 편식으로 영양실조에 걸려 건강을 해치는 사람도 많다. 일본에서는 남성은 비만 경향에 있고 여성은 과도한 다이어트로 지나치게 마른 사람이 많다. 비만은 생활습관병을 유발하고, 지나치게 마른 것 역시 계속 방치하면 뼈가 골절될 염려가 있다.

일본에서는 정상적인 식생활을 하는 사람이라도 만성적인 칼슘 부족에 시달리는 사람이 많다. 일본은 원래 토양에 칼슘이 적어서 야채나 물에 칼슘 포함량이 적다. 그래서 의식적으로 칼슘을 섭취하지 않으면 금세 부족해져 버린다. 일본인의 약 70%가 필요한 칼슘을 섭취하지 못하고 있고, 섭취량은 선진국에서 최하위 수준이라고 한다. 칼슘이 풍부한 잔생선과 야채 중심의 균형 잡힌 옛날식의 식사는 이치에 맞는 식단이었다.

質問 ❶ **(　　　　)에 들어갈 가장 적당한 말을 고르세요.**

1 자연스럽게 운동을 하면
2 의식해서 운동하지 않으면
3 운동할 때 의식하지 않으면
4 운동을 무시하면

質問 ❷ **현재는 어떤 식생활이 되어 있습니까?**

1 외식이나 내식은 문제지만, 가정에서 만드는 식사는 문제가 없다.
2 먹을거리가 풍부해지고 영양 부족이 해소되었다.
3 섭취하는 음식에 문제가 있을 뿐만 아니라 식습관에도 결식 등 많은 문제를 안고 있다.
4 외국 사람들은 일식으로 바꾸는데 일본에서는 양식을 먹고 있다.

質問 ❸ **① '그것'은 무엇을 가리킵니까?**

1 생활습관병
2 식생활의 서구화
3 병에 걸리는 것
4 비만과 당뇨병

質問 4 ② '이것'은 무엇을 가리킵니까?

1 멍하니 지내는 아이들
2 결식 습관
3 결식이나 과식
4 아침을 거르는 일

質問 5 이 글에 이어질 가장 알맞은 내용은 어느 것입니까?

1 옛날 생활로 돌아가야 한다.
2 운동 부족의 해소가 건강의 제 1요소이다.
3 운동 부족과 흐트러진 식생활 문제를 해결하자.
4 칼슘을 충분하게 섭취하자.

質問 6 이 글의 내용으로 알맞은 것은 무엇입니까?

1 양식을 그만두지 않으면 건강하게 지낼 수 없다.
2 식생활을 바꾸는 것만으로는 건강하게 지낼 수 없다.
3 외식하면 병에 걸린다.
4 외국 사람들은 일식을 먹고 있어서 건강하다.

|해설| ❶ ~(た)かと言いえば ~인가 하면, ~했는가 하면(사실은 그렇지 않다)
❷ ~に追おわれる ~에 쫓기다
・仕事しごとに追おわれる 일에 쫓기다
❸ ~がちだ ~하는 경향이 많다(주로 부정적인 일에 사용)
・病気びょうきがちな子供こども 병치레가 잦은 아이 ・曇くもりがちの天気てんき 자주 흐린 날씨
❹ 手間てまがかかる 수고가 들다, 시간이 걸리다
❺ 体調たいちょうを崩くずす 건강을 해치다, 컨디션이 엉망이 되다
❻ 理りにかなう 이치에 들어맞다

05

지구 온난화를 방지하기 위해서 2008년 7월 홋카이도 도야코 정상 회담에서는 2050년까지 적어도 50% 삭감을 달성한다는 목표가 공유되었습니다. 또 일본에서도 2020년까지 1990년 기준으로 그것보다 25% 삭감하고, 2050년까지 60~80%의 CO_2 배출 삭감을 목표로 하는 '저탄소 사회 만들기 행동 계획'이 2008년 7월 29일에 결정되는 등, CO_2의 배출량이 적은 저탄소 사회의 실현을 위한 움직임이 본격화되고 있습니다. CO_2 배출량은 산업에서 가장 많고, 이어서 자동차 · 항공 등의 운송, 상업, 서비스업 등의 사무 관계 그리고 4번째로 많은 것이 가정에서의 배출입니다.

CO_2 삭감을 위해 환경성은 '쿨비즈'를 추진하여, 종래의 '28도 실온 설정', '겉옷 입지 않기 장려', '단열재의 이용'과 더불어, '더욱 더 가벼운 복장 장려', '근무 시간의 아침형 전환' 이라는 지금까지보다 한발 앞선 '슈퍼 쿨비즈'를 추진하고 있습니다. 또 이동할 때에도 CO_2 삭감을 위해 전차나 버스 등의 공공 교통 기관의 이용을 장려하는 동시에 하이브리드 버스, 나아가 태양광 에너지 등의 자연 에너지를 활용한 최신형 차량 등도 등장했습니다.

일본의 가정 부문에서 CO_2 배출량은 1990년도에 비교하여 2007년도에는 40% 이상 증가했습니다. 이것은 가전 보유 대수의 증가 등에 의해 가정에서의 에너지 소비량이 증가한 것이 원인입니다. 가정에서 CO_2 배출량을 줄이기 위해서는 주택 건설, 생활 방식, 개조, 개축 등 라이프사이클 전체에 대해 에너지 절약을 실현할 필요성이 생겼습니다. 그 때문에 환경성은 '에코하우스 모델 사업'을 설립했습니다.

에코하우스란 환경 부담을 저감시킨 주택을 의미합니다. 자연 환경에 대해 유해 물질을 발생시키지 않고, 폐기할 때에는 최대한 자연에 가까운 상태로 돌아가는 소재를 사용하여 사람이나 동물에게 건강상 피해를 입히는 유해 물질을 발생시키지 않고, 안심하고 살 수 있는 집 그리고 되도록 전력을 발생시키지 않고 쾌적하게 살 수 있는 태양광이나 빗물 등 자연 에너지를 유효하게 이용할 수 있는 집입니다. 또 사람이 사는 데 적합한 토지에 세워서 각 지역의 풍토나 습관, 소재를 살려 과잉 설비는 (설치하지 않고), 정말 필요한 설비만을 도입한 집을 의미합니다. 이런 집을 세우기 위해 전국 20개의 자치단체를 모델 지역으로 선정하여 에코하우스의 모델 정비나 보급 활동을 지원하는 것뿐 아니라, 세재 개혁 등 적극적인 정책으로 에코하우스를 포함하는 온난화 방지 대책을 추진해 왔습니다.

그러던 중 동일본 대지진 피해 이후 일본은 이제까지 없던 절전 대책 때문에 생활에 커다란 변화가 생겨났습니다. 도쿄의 밤이 어두워져 에스컬레이터나 엘리베이터 등 시설의 사용 제한의 영향도 있어서인지 수도권의 고객을 중심으로 스니커 판매도 늘었다고 합니다. 또 에어컨보다는 선풍기, 전기 매트가 아니라 냉 · 온 매트 등의 판매도 늘었다고 합니다. 이 경험이 지구 온난화를 위한 새로운 힘이 될 것이라고 기대하고 싶습니다.

質問 ❶ **'되도록 전력을 사용하지 않고'라고 하는데 어떤 것입니까?**

1 마이너스극의 전기를 만들지 않고

2 극단적인 전력을 쓰지 않고

3 가능한 한 전력을 쓰지 않고

4 가능한 한 전력을 만들지 않고

質問 ❷ (　　　)에 들어갈 가장 적당한 말을 고르세요.

1 설립하지 않고
2 건축하지 않고
3 설치하지 않고
4 설비하지 않고

質問 ❸ 에코하우스에 대한 설명으로 알맞은 것은 무엇입니까?

1 사람이나 동물에게 유해한 물질을 발생시키지 않는 집
2 최신 설비가 준비된 집
3 태양광이나 빗물 등을 만들 수 있는 집
4 폐기물을 활용한 소재로 세운 집

質問 ❹ 동일본 지진 재해 이후 도쿄에서 일어난 일은 무엇입니까?

1 에코하우스를 세우는 것이 의무가 되었다.
2 에어컨 사용이 금지되었다.
3 어디를 가더라도 걸어가야만 하게 되었다.
4 에스컬레이터나 엘리베이터 등 시설의 사용 제한이 생겼다.

質問 ❺ CO_2 배출이 증가하는 이유는 뭐라고 합니까?

1 자가용 차가 늘어서
2 산업 발달로 공장이 늘어서
3 가정에서의 에너지 소비량이 증가하고 있어서
4 세제 개발의 영향으로 가전 보유 대수가 증가해서

質問 ❻ '슈퍼 쿨비즈'가 추진하는 것은 무엇입니까?

1 상의를 입지 않고 일한다.
2 26도 온도 설정을 유지한다.
3 낮에는 작업하지 않는다.
4 방을 아주 시원하게 해서 쾌적한 온도로 만든다.

| 해설 |
❶ ~限かぎり ~하는 한
❷ ~たところ ~했더니, ~한 결과
❸ 電源でんげんを切きる 전원을 끊다

06

원인 불명의 심한 통증과 함께 관절이 파괴되고 서서히 몸의 자유를 잃어가는 '만성 관절 류머티즘'이라는 난치병이 있다. 오랜 동안 치료를 담당해 온 교수가 환자의 기분이 밝을 때는 통증이 경감하고, 고민을 안고 있을 때는 더 심해진다는 사실을 알아냈다. (그래서) 정신 상태가 병상에 영향을 미치는지를 실험해 봤다. 환자에게 1시간 동안 라쿠고를 들려주고 그 전후에 혈액을 채혈하여 호르몬이나 면역 상태를 조사했더니, 병을 악화시키는 물질이 라쿠고를 들은 후에는 크게 감소했음을 알 수 있었다. 그 중에는 건강한 사람의 열 배 이상이던 수치가 정상치로 떨어진 사람도 있었다고 한다. 통증에 대한 청취 조사에서도 대부분 통증이 가벼워졌다고 답했다. 통증의 경감이나 호전 상태가 일시적으로 끝나는 게 아니라 1개월이나 지속된 사람도 있었다고 한다.

교수는 연구를 계속했고 '약물 치료만이 아니라 심리적인 치료가 필요하다는 게 증명되었다.'라고 발표했다. 그런데 실험 결과에 대해 일본에서는 혹평만 쏟아졌다. 그래서 세계적으로 권위가 있는 류머티즘 전문지에 투고했는데, 높은 평가를 받을 수 있었다. 또 다른 보고는 암 환자를 대상으로 요시모토흥업의 공연을 3시간 보여 주었더니 암에 대한 저항력인 내추럴 킬러 세포가 증가했다고 한다. 웃음이 면역 균형을 정상으로 되돌리는 것 같다.

일본에는 예로부터 웃으면 좋은 일이 생긴다, 행복해진다는 뜻의 '소문만복래'라는 속담이 있다. 웃음에 대한 연구가 진행되면서 웃음이 심신에 좋은 영향을 준다는 사실이 증명되고 있다. 웃으면 뇌가 자극을 받아 분비가 촉진된다. 신체의 면역 기능이 높아지고, 내추럴 킬러 세포가 활성화되면서 세균, 바이러스, 암세포가 배제되는 모양이다. 웃음이 우리 몸에 좋은 영향을 미친다는 것은 상식이 되었다. 실제로 웃으면 호흡이 커지고, 산소가 충분히 공급되어 내장이 움직인다. 웃을 때는 뇌와 배, 허리 등과 같이 의외로 여러 부분의 근육을 쓰기 때문에 그것이 몸에 좋은 것이다.

최근에는 이것을 치료에 적용하는 의료 현장도 생겼다. 매월 병원의 환자를 모아놓고 라쿠고를 보여주는 의사 선생님도 있고, 소아 병동에 전문적으로 웃음 치료사를 파견하는 자원 봉사 단체도 있다. 자치 단체에서도 웃음 치료를 적극 지원하는 곳이 생겼다. 오사카에서는 개그맨 등의 협조로 간호사나 복지과 직원들에게 화술을 지도하기로 방침을 정했다. 병원이나 시설에서 파견된 간호사나 직원에게 라쿠고나 만담을 가르쳐, 여기서 배운 웃음의 기술을 실제 현장에 유용하게 쓰인다고 한다. 또 정기적으로 환자를 초대해 오락 모임을 개최하고, 연구 데이터를 수집해 웃음과 의료와의 관계를 연구하고 있는 대학에 협력하기도 했다.

"선생님, 머리가 아파요."라고 통증을 호소하는 환자에게 "아프기도 할 거예요. 이런 게 들어 있었으니."하며 커다란 돌을 꺼내 보인다. 환자는 깜짝 놀라면서도 동시에 웃기 시작한다. 그리고 한꺼번에 긴장이 풀린다. 이런 광경을 일상적으로 볼 수 있는 병원이 실제로 존재한다. 의사 선생님은 마술이 취미다. 이런 의사에게 치료를 받는다면 병이 금세 나을 것 같은 기분이 든다. 어쩌면 앞으로 일본 전국 병원에서 웃음이 넘치게 될지도 모른다. 기대해 본다.

質問 ❶ (　　　)에 들어갈 가장 적당한 말을 고르세요.

1 그 결과
2 그럼으로써
3 그래서
4 그 덕분에

質問 ❷ 이 글 속의 교수가 연구한 것은 무엇입니까?

1 웃음으로 통증의 완화가 어느 정도 지속되는가
2 웃은 후의 전신 상태
3 청취 조사의 결과가 혈액 검사에도 나타나는가
4 장시간 웃은 전과 후에 통증이 어떻게 변화하는가

質問 ❸ 연구 결과 어떤 사실을 알게 되었습니까?

1 웃음의 효과는 그때만이 아니라 지속성이 있다.
2 웃음 실험에 참가한 환자 전원에게 변화가 나타나 통증을 경감시켰다.
3 1시간 만에 효과가 나타나는 약은 없다.
4 청취 조사와 혈액 검사의 결과는 관계가 있다.

質問 ❹ 웃음을 살리는 시도에 대해 설명한 것은 어느 것입니까?

1 아직 실제로 시작한 병원은 없다.
2 라쿠고나 마술을 할 수 있는 의사를 어디서나 볼 수 있다.
3 의료 현장에서 의료에 웃음 치료를 도입하는 병원이 생겨났다.
4 오사카에서는 의료 및 복지 관계자에게 웃음의 화술을 습득하는 것을 의무화했다.

質問 ❺ 오사카는 어떤 일을 하기로 했습니까?

1 환자나 복지시설의 입소자를 상대하는 직원에게 웃음의 기술을 익히게 한다.
2 오락회에서 자료를 구해 웃음과 의료 관계를 연구한다.
3 오락회를 오사카 주민을 위해 개최한다.
4 화술을 습득한 직원을 병원과 복지시설에 파견한다.

質問 ❻ '이런 의사'란 어떤 의사입니까?

1 취미인 마술을 환자에게 시도하는 의사
2 취미인 마술로 환자를 즐겁게 하는 의사
3 취미인 마술을 과시하고 싶은 의사
4 취미인 마술이 치료에 효과가 있는지 연구하는 의사

|해설| ❶ ~に当ぁたっている　~에 임하고 있다. ~을 담당하고 있다.
❷ ~に生ぃかす　~에 살리다(활용하다)

07

(A) 세기의 발명이라고 불린 청색 발광 다이오드(LED)의 발명 대가에 대한 재판은, 기업 특허의 권리와 연구자의 공헌도를 둘러싼 분쟁으로, 200억 엔이라는 전대미문의 청구액 때문에 기업에서 일하는 기술자뿐만 아니라 일반인들의 관심도 끌었다. 도쿄 지방법원은 판결문에서 발명자의 공헌도를 그 발명으로 기업이 얻은 이익의 50%로 산정하여, 대가를 600억 엔으로 인정하고 발명자의 청구대로 200억 엔을 지불하라고 회사 측에 명령했다.

(B) 이 사건에 대해 산업계에서는 200억 엔이라는 말도 안 되는 금액의 지불 명령은 기업 활동에 지장을 줄 수도 있다는 의견을 발표하고, 특허권 개정을 요구했다. 발명자는 회사로부터 급여를 받고 신분도 보장받으며 연구 개발을 하는 데 비해, 기업은 연구 개발이 실패할 가능성, 제품화할 설비에의 투자, 판매 리스크를 모두 떠안고 있다고 산업계는 주장했다. 더욱이 회사가 이익을 손에 넣기까지는 많은 다른 사원들의 공헌이 있었다는 사실도 고려해야 한다는 것이다.

(C) 발명자는 회사에 크게 공헌했으니 대가를 받는 것은 당연하지만, 연구는 혼자 한 게 아니라 많은 협력자가 있었기에 가능했던 것이므로 기업 측이 200억 엔은 너무 많다고 느끼는 것은 당연한 일이다.

(D) 이 재판은 직무상의 발명은 회사의 것이라는 지금까지의 상식을 뒤엎었다는 부분이 새롭다. 이전에는 회사의 직무로서의 발명에는 지극히 적은 돈이 지불되는 데 그쳤었는데, 이 재판을 계기로 기업에서는 특허보장금의 대폭적인 증감 등에 착수하려는 움직임이 일고 있다. 기업으로서도 일본 경제로서도 연구개발은 큰 이익을 가져온다. 연구자가 그것을 해외로 유출하거나, 발명에 대한 의욕을 꺾는 것은 큰 손실이다. 연구자를 격려하고 자극을 주는 보장금의 액수가 단번에 오른 것은 당연하다.

(E) 그러나 발명의 사업화에 실패했을 때의 위험은 회사가 부담하고, 영업 노력이 기업의 업적을 좌우한다는 것을 생각하면 아무리 획기적인 발명이라도 회사의 실적에 발명자 한 사람이 공헌했다고는 할 수 없다. 그것을 얼마라고 어림잡는 것은 지극히 어렵다. 청색 발광 다이오드의 발명자가 처음에 받은 2만 엔은 어이없는 금액이지만, 그렇다고 너무 높으면 회사가 영업 부진에 빠질 염려도 있다. 대법원과 지방법원에서 발명의 대가는 5%라고 판결을 내렸다. 이 숫자가 타당한지 여부는 모르겠지만, 당분간은 이것이 기준이 될 것이다.

質問 ❶ **다음 단락은 어디에 들어가면 좋을까요?**

결국 이 재판은 회사가 발명의 대가 6억 엔과 지연손해금을 포함한 8억 4천 엔을 지불하는 것으로 합의했다. 합의금 8억 4천 엔은 도쿄 지방법원의 판결과 비교하면 상당히 낮은 값이지만, 직무 발명의 대가로서는 과거 최고액이다. 이에 대해 발명자는 "금액에는 불만이다. 발명의 대가가 이렇게 낮아도 되는가?" 하고 불만을 표시했다. 한편, 회사 측은 기술 개발에 수반하는 위험 부담을 강조하며, 금액에 대해 불만을 표명했다. 쌍방의 견해 차이는 확연했다.

1 (A)의 뒤
2 (B)의 뒤
3 (C)의 뒤
4 (D)의 뒤

質問 ❷ **도쿄 지방법원의 판결은 어떤 것이었습니까?**

1 기업 이익의 절반을 지불하도록 명령했다.
2 발명으로 창출된 이익을 회사와 발명자가 절반씩 나누도록 명령했다.
3 회사가 망하지 않도록 감액해서 200억 엔을 지불하라는 판결을 내렸다.
4 발명자의 요구액을 100% 인정하는 판결이었다.

質問 ❸ **도쿄 지방법원의 판결에 대한 산업계의 의견은 무엇입니까?**

1 이런 판결을 내는 특허법은 개정해야 한다.
2 직무상 발명에 대가를 지불할 필요는 없다.
3 200억 엔은 너무 높은 가격이라 회사가 파산한다.
4 발명자의 공헌도를 중시한 타당한 판결이다.

質問 ❹ **8억 4천만 엔이란 무슨 금액입니까?**

1 발명의 대가로 회사가 지불한 금액
2 발명의 대가와 연체금을 합친 금액
3 고등법원의 판결로 회사가 지불하기로 결정된 금액
4 발명자와 회사가 타협한 발명의 대가

質問 ❺ **'5%'라고 하는데 이 숫자는 무엇입니까?**

1 청색 발광 다이오드 재판에서의 청구액과 실제 합의 금액의 비율
2 누구나가 납득할 수 있는 발명의 대가에 대한 지불액
3 고등법원이 인정한 발명에 대한 공헌도
4 앞으로의 발명 대가 분쟁 재판의 판결에서 사용될 숫자

質問 6 **이 글에서 필자가 가장 말하고 싶은 것은 무엇입니까?**

1 발명의 대가가 너무 낮으면 일본인 기술자가 없어진다.
2 발명의 대가는 5%로 재판에서 확정되었기 때문에 앞으로 재판은 줄어들 것이다.
3 발명의 대가가 너무 높으면 좋은 회사라는 평판이 생긴다.
4 발명의 대가를 어느 정도라고 어림잡는 것은 매우 어렵다.

|해설|
❶ ～をめぐって ～을 둘러싸고
❷ 関心かんしんを引ひく 관심을 끌다
❸ 途方とほうもない 터무니없다, 사리가 맞지 않다
❹ ～を機きに ～을 계기로
❺ 利益りえきをもたらす 이익을 가져오다
❻ 意欲いよくが削そがれる 의욕이 저하되다
❼ 励はげみを与あたえる 자극을 주다
❽ 一気いっきに上あがる 단숨(번)에 오르다
❾ 判断はんだんが下くだる 판단이 내려지다
判断はんだんを下くだす 판단을 내리다
❿ 目安めやすになる 기준이 되다

08

일본이 고도성장을 하며 경제가 호황을 누릴 무렵, 비즈니스상의 필요에 따라 일본어 붐이 일었던 적이 있다. 일본의 기술과 경영 방식을 배우려고 아시아인들이 일본으로 모여들었다. 그 이전의 일본어 학습자는 일본 문학이나 일본 특유의 문화에 매료되어 일본어를 배우기 시작한 사람이 대부분으로, 그 흐름은 미미했다. 그래서 당시 일본어 붐이 진짜인지 아닌지 의문을 갖고 있었는데, 아니나 다를까 일본의 경제가 하강 곡선을 (①그리면서) 일본어 열기도 시들해졌다.

그런데 경제와 경기에 영향을 받지 않는 새로운 일본어 학습자가 출현했다. 일본의 만화나 애니메이션에 의해 동기가 촉발되어 일본어를 배우고 싶다는 생각을 하게 된 젊은이들이다. 어린 시절부터 일본의 애니메이션을 보면서 자란 그들이 번역 만화로는 성에 차지 않아 진짜를 원하게 되었기 때문인 듯하다. 해외의 경우 만화는 어린이용이라는 인식에서 벗어나지 못해, 성인용은 한 컷짜리 풍자 만화가 대부분이었다. 그래서 일본처럼 어른의 눈을 만족시키는 수준 높은 스토리 만화가 자랄 토양이 거의 없었다. 일본 만화가 젊은이들의 마음을 사로잡자 일본 만화는 붐이 되고, 미국에서도 웬만한 서점에는 MANGA 코너가 생겨 번역본이 빼곡히 들어차게 되었다.

번역본은 그 수가 적어서 (②아직 번역되지 않은 만화를 읽고 싶다)는 심리가 작용한 것은 당연하다. 일본어를 할 줄 알면 더 재미있는 만화를 읽을 수 있을지도 모른다. 그것이 일본어 학습의 동기가 된다. 또 만화 안에 있는 일본인의 모습이나 일본인의 사고방식은 소설보다 이해하기 쉽다. 말로는 전해지지 않는 일본의 모습을 눈으로 간단하게 확인할 수 있다는 것이 만화의 장점이다. 만화에 빠진 젊은이들이 그런 것들에 흥미를 가지는 것은 당연할 것이다. 만화나 애니메이션이 계기가 되어 일본에 관심을 갖는 젊은이가 생겨나는 것도 자연스러운 흐름인지 모른다.

일본 경제의 장래는 (③그리 밝다고는 할 수 없을 것 같다). 농산물은 아시아로부터의 수입에 의존하고 있고, 제조업은 한국이나 중국이 바싹 뒤를 쫓고 있다. 앞서 가던 반도체, 전자기기 분야에서도 실적 부진인 일본 기업이 적지 않다. 차라리 국가 차원에서 만화나 애니메이션에 힘을 쏟아, 앞으로 일본의 전략적 수출 산업으로 키우면 어떨까? 그것은 일본에 흥미와 호감을 가지고 일본과의 작업에 적극적으로 임할 차세대를 육성하게 되는 일이 아닐까?

質問 1 **'그 흐름은 미미했다'고 하는데 무슨 뜻입니까?**

1 비즈니스적인 필요에서 일본어를 배우기 시작한 사람이 적었다.
2 일본의 기술이나 경영 방식을 배우기 위해 일본어를 배울 사람이 조금밖에 없었다.
3 일본 문학과 문화에 흥미가 있어서 일본어를 배우는 사람은 소수였다.
4 일본 문학과 문화를 배우기 위해 일본어를 공부하는 사람이 적지 않았다.

質問 2 **(①)에 들어갈 가장 적당한 말을 고르세요.**

1 내려간다
2 따른다
3 향한다
4 더듬어 가다, 그리다

質問 3 **(②)에 들어갈 가장 적당한 말을 고르세요.**

1 일본에 가면 만화를 많이 읽을 수 있다
2 아직 번역되지 않은 만화를 읽고 싶다
3 번역본을 더 많이 출판했으면 좋겠다
4 일본의 만화책을 더 수입했으면 좋겠다

質問 4 **(③)에 들어갈 가장 적당한 말을 고르세요.**

1 만화나 애니메이션에 의존하지 않을 수 없게 될 것 같다
2 공업이 중심이 되지 않으면 안 될 것 같다
3 그리 밝다고는 할 수 없을 것 같다
4 도산이 증가하고 있는 것 같다

質問 5 **이 글의 내용과 알맞은 것은 무엇입니까?**

1 일본어를 배우는 이유도 시대에 따라 변화한다.
2 일본어를 할 수 있는 사람이 늘면 만화 번역본이 없어진다.
3 애니메이션이 없었다면 일본에 흥미를 가지는 사람은 없었을 것이다.
4 일본은 만화나 애니메이션 산업을 중심으로 하고 부진한 사업은 그만두는 편이 좋다.

質問 ❻ **새로운 타입의 일본어 학습자가 일본어를 배우기 시작한 이유는 무엇입니까?**

1 서점에서 파는 만화책이 번역본밖에 없었기 때문에
2 서점에 일본 만화 코너가 생겼기 때문에
3 일본 만화 붐에 뒤처지고 싶지 않은 사람이 늘었기 때문에
4 좀 더 재미있는 만화를 읽고 싶었기 때문에

|해설|
❶ ~に惹ひかれる ~에 이끌리다, ~에 매료되다
❷ ~につれ ~함에 따라
❸ 下火したびになる 약한 불이 되다, 시들해지다
❹ 大人おとなの目めに耐たえ得えろ 어른들의 눈을 만족시킬 수 있다
❺ 心こころを捉とらえる 마음을 사로잡다
❻ ちょっとした本屋ほんや 어지간한 서점
「ちょっとした」는 '대수롭지 않은 사소한 것'을 뜻하기도 하지만 여기서는 '어지간한, 웬만한, 대부분의'라는 뜻으로 쓰였다.
❼ ところ狭せましと 빼곡하게, 잔뜩 (많이 있는 모양이나 상태)
❽ いっそのこと 차라리, 도리어

09

부모가 기르지 못하는 아이를 익명으로 받아주는 것이 '아기 우체통'이다. 설비의 목적은 원치 않는 아이를 살해나 중절에서 지키는 것이다. 신생아는 세상에 대한 적응력이 약하고, 또 '버림받은 아이'로서 어딘가 시설 앞에 방치되면 생명의 위기에 처하기 때문에, 이런 위험에서 지키기 위해 설치되었다. 유럽에서는 중세부터 수도원 등에 존재하여 1990년대 후반에 독일 남부의 마을에 설치된 것을 계기로 구미에 퍼졌다고 한다.

일본의 경우도 전후 비슷한 시스템을 운영했던 기관은 몇 개인가 있었지만, 수 년 만에 그만두게 되었다. 현재 일본의 '아기 우체통'은 구마모토현 구마모토시의 지케이병원이 시의 허가를 받아 2007년 5월 10일부터 운영을 개시하여 현재에 이르렀다. 이 '아기 우체통'은 개폐 가능한 문을 설치하여 안에는 신생아가 들어간 바구니 정도가 들어갈 공간을 만들어 36도로 온도 관리된 특제 보육기가 설치되어 있다. 이 안에 신생아를 넣으면 그 무게로 센서가 감지하여 원내에 부저로 알린다. 그 부저와 함께 조산사들이 달려온다는 것이다. 한편으로 우체통 내부에는 버리러 온 부모를 위한 메시지 카드가 준비되어 있다. 이 카드에는 우체통 설치 시설이나 아동 상담소 등의 연락처가 기재되어, 나중에 버린 것을 후회하고 부모인 것을 밝혀 올 때에 도움이 된다는 배려로 보인다.

'아기 우체통' 이용은 2010년에는 전년보다 3명 많은 18명이다. 그 내역은 생후 1개월 미만의 신생아가 12명이고, 생후 1개월부터 1년 미만의 유아가 2명. 또 당초에 받아들일 준비가 없었던 생후1년 이상의 유아도 4명이나 있었다. 부모의 연령은 판명된 것으로 10대가 4명, 20대와 30대

가 각 5명, 40대가 1명. 모친의 혼인 상태는 혼인 중이 7명, 미혼 7명, 이혼 1명, 불명 3명이었다. 맡긴 이유는 복수 응답으로 '생활 곤궁'과 '미혼'이 가장 많아 7건, 그 밖에 '파트너와의 문제'가 5건, '불륜'이 2건, '체면, 호적', '양육 거부', '부모의 반대' 등이 있었다. 18명 중 3명의 아이는 시설에 맡겨진 뒤에 다시 보호자에게 돌아갔다. 부모들의 주거지는 구마모토 현이 3명, 구마모토를 뺀 규슈가 5명, 추고쿠 1명, 긴키 3명, 간토 3명, 불명 3명으로 전국에 이른다.

그러나 '아기 우체통'에 대해서는 '버려진 아이'를 용인하게 되는 가능성이나 학대 방지에는 도움이 되지 않는다는 의견, '장애아'나 '불륜으로 태어난 아이' 등 본래 취지와 다르게 이용되고 있다는 등 설치에 의문을 가진 사람도 적지 않다. 그러나 그 이상으로 '버려진 아이'가 자연스럽게 존재하고 있는 이상, 그들 신생아는 빠르고 안전하게 (보호 받아야 한다)는 의견도 있어, 도덕과 인도 쌍방의 관점에서의 의논이 계속되고 있는 것이 현재 상태이다.

質問 1 (　　　)에 들어갈 가장 적당한 말을 고르세요.

1 보호받아야 한다
2 보호시켜야 한다
3 보호하도록 한다
4 보호가 되도록 한다

質問 2 '아기 우체통'의 목적은 무엇입니까?

1 가정 붕괴 등의 희생자가 되지 않도록 문제가 있는 아이를 격리한다.
2 아이의 학대나 가정 포기를 방지하기 위해 교육한다.
3 아이의 교육에 고민하는 부모에게 메시지 카드를 건넨다.
4 원치 않는 아이를 살해와 중절로부터 지킨다.

質問 3 '아기 우체통'의 이용 상황으로 알맞은 것은 무엇입니까?

1 거의 대부분 생후 1개월 이내의 신생아로 유아는 없다.
2 신생아의 이용이 12명으로 가장 많지만 유아를 맡기는 부모도 있었다.
3 매년 조금씩 이용이 늘고 있다.
4 유아의 이용은 금지되었지만 유아를 맡기는 사람 쪽이 많다.

質問 4 '아기 우체통'의 반대 의견으로 알맞은 것은 무엇입니까?

1 버려진 아이를 인정하고 육아 포기를 늘릴 위험성이 있다.
2 불륜을 용인하는 의미가 된다.
3 본래 상정하지 않았던 유아까지 맡기고 있다.
4 전국에서 규슈로 와야 하는 것은 불공평하다.

質問 **5** **아기 우체통의 설명으로 알맞은 것은 무엇입니까?**

1 2007년에는 세계에 앞서 규슈의 지케이병원이 운용하기 시작했다.
2 규슈의 지케이병원이 시의 허가를 받고, 2007년 5월 10일부터 운용을 개시했다.
3 중세부터 유럽 각국에 아기 우체통이 설치되어 2007년에는 일본에도 그 시스템을 전했다.
4 유럽에서 전파된 '아기 우체통'과 일본의 '아기 우체통'은 목적이 다르다.

質問 **6** **아기 우체통을 이용하는 사람은 어떤 사람이었습니까?**

1 모친은 10대가 가장 많다.
2 모친은 20~30대가 가장 많고 그 다음이 40대이다.
3 거주지는 규슈가 8명으로 가장 많지만 그 외에도 전국에 퍼져 있다.
4 '기혼'과 '미혼'이 각 7명으로 그 중 '이혼'이 반을 차지했다.

10

총인구에서 65세 이상의 노년층 인구가 7% 이상이 되는 사회를 고령화 사회라고 한다. 그리고 14%를 넘으면 고령 사회, 21%를 넘으면 초고령 사회라고 한다. 일본은 2009년부터 초고령 사회에 들어가, 고령화율도 세계 1위가 되었다. 또 '2015년 문제' 라고 불리는 단카이 세대가 전부 65세 이상이 되는 '2015년' 이후의 고령 인구의 급증 등, 그 속도도 다른 선진국의 2~4배의 속도로 진행되고 있어 2030년에는 고령화율 31.8%, 2050년에는 39.6%, 그리고 2100년에는 고령화률 40.6%가 된다고 말한다. 또 2050년에는 일본의 총인구는 저출산화가 동반되어 3000만 명의 감소가 예상되고 있다.

생명보험문화센터가 실시한 '생활 보장에 관한 조사'에 따르면, 자신의 노후 생활에 '불안함'이라고 대답한 65세 이상 고령자 비율은 85.8%로 80% 이상이 노후 생활에 대해 불안을 안고 있다는 결과가 나왔다. 노후의 불안 내용을 보면, '국민연금만으로는 불충분하다'가 83.7%로 가장 많고, 이하 '일상생활에 지장이 생긴다'가 49.9%, '자립 노력에 의한 준비가 부족하다'가 39.5%, '퇴직금이나 기업 연금이 도움이 되지 않는다'가 34.8%라는 결과가 나왔다. 그리고 이 노후 생활에 대한 불안도는 고령화와 함께 해마다 증가하는 경향이다.

그렇다면 노후는 어떻게 생활하고 싶다고 생각하고 있을까? '세컨드 라이프를 즐기는 법'에 대해서는 여유 있는 생활로 '여행이나 레저'라고 대답한 고령자의 비율이 가장 높고, 이하 '취미나 교양', '가족과의 교제'로 이어진다. (덧붙여) 부부 2명이 세컨드 라이프를 보내기 위해 최저한 필요한 일상 생활비는 평균 월 25.9만 엔이었지만 여유 있는 생활을 보낼 수 있도록 생각한 경우에는 평균 월 40.5만 엔이라고 한다. 한편으로 세컨드 라이프를 향한 금전적인 준비를 하고 있는 사람은 41.7%에 머물렀다. 이런 이상과 현실의 차이가 불안을 키우는 것이라고 할 수 있다.

그러나 현실의 고령화 사회의 문제는 금전적인 문제뿐이 아니다. 고령 부부가 서로 간호를 하는 세대의 문제나 혼자 사는 고령자의 고독사 같은 간호 문제, 지방 고령화에 따른 지역 사회의 기능 저하, 그리고 고령화에 따른 사회 보장비의 증가를 위한 재정 확보 문제 등 초고령 사회는 일본의 뿌리를 흔드는 문제가 되었다.

일본 정부는 사회 보장 제도의 유지를 위해 2011년도 세제 개정을 실시했다. 국세도 4600억 엔 정도의 증수를 전망하고 각종 증세를 시행했지만 매년 1조 엔이나 사회 보장비가 늘고 있다는 점을 생각할 때 증세로는 전혀 충분하지 않고 오히려 고령자나 고령자를 모시는 가족의 세금 부담의 증가로 고령자의 생활 불안이 증가할 위험이 있다. 누구나가 맞는 노후 생활의 대책은 나라의 정책에 기대지 않고 현역 시절부터 준비해 두지 않으면 안 될 것 같다.

質問 ❶ **초고령 사회의 설명으로 알맞은 것은 무엇입니까?**

1 '2015년 문제'가 시작되는 2015년 이후에 초고령 사회가 된다고 한다.
2 2009년부터 초고령 사회라고 부르기로 했다.
3 총인구에서 차지하는 65세 이상의 노년 인구가 14% 이상이 된 사회를 말한다.
4 총인구에서 차지하는 65세 이상의 노년 인구가 21% 이상이 된 사회를 말한다.

質問 ❷ **(　　　)에 들어갈 가장 적당한 말을 고르세요.**

1 합치면
2 덧붙여
3 반대로
4 그런대로

質問 ❸ **초고령 사회 문제에 대한 설명으로 알맞은 것은 무엇입니까?**

1 고령자가 늘어나서 아이가 태어나지 않는다.
2 혼자 사는 사람이나 노인 부부 등의 간호 문제가 늘고 있다.
3 사회 보장비가 증가해서 연금이 남아있지 않다.
4 아이들까지 연금을 지불해도 사회 보장비의 예산이 부족하다.

質問 ❹ **노후에 어떤 것에 불안을 가진다고 합니까?**

1 여유 있는 노후 생활이 불가능할지도 모른다.
2 연금이나 퇴직금만으로는 생활할 수 없을지도 모른다.
3 혼자가 되서 고독사를 맞을지도 모른다.
4 병에 걸릴지도 모른다.

質問 5 정부의 세제 대책으로 맞는 것은 무엇입니까?

1 세재 개혁으로는 사회 보장비 문제를 해결할 수 없다.
2 세제 개혁으로 부족한 사회 보장 비용 문제를 해결 가능하다.
3 세제 개혁은 혼자 사는 노인을 증가시키고 있다.
4 증세로 초고령화를 억제하는 것을 기대하고 있다.

質問 6 노후의 여유 있는 생활이란 어떤 생활입니까?

1 혼자 사는 것을 즐기는 생활
2 언제든지 일본을 뜰 수 있는 생활
3 고령 부부가 건강하게 서로를 간호할 수 있는 생활
4 여행이나 취미 생활 등을 즐길 뿐인 금전적 여유가 있는 생활